Michael Blume

Akrobatik mit Kindern und Jugendlichen

Meyer & Meyer Verlag

Die Deutsche Bibliothek – CIP-Einheitsaufnahme

Blume, Michael:
Akrobatik mit Kindern und Jugendlichen / Michael Blume.
5., unveränd. Aufl. – Aachen : Meyer und Meyer, 1999
ISBN 3-89124-228-X

Alle Rechte, insbesondere das Recht der Vervielfältigung und Verbreitung sowie das Recht der Übersetzungen, vorbehalten. Kein Teil des Werkes darf in irgendeiner Form – durch Fotokopie, Mikrofilm oder ein anderes Verfahren – ohne schriftliche Genehmigung des Verlages reproduziert oder unter Verwendung elektronischer Systeme verarbeitet, gespeichert, vervielfältigt oder verbreitet werden.

© 1995 by Meyer & Meyer Verlag, Aachen
Olten (CH), Wien, Oxford, Québec, Lansing/ Michigan, Adelaide, Auckland, Johannesburg
2., unveränderte Auflage 1995
3., unveränderte Auflage 1997
4., unveränderte Auflage 1998
5., unveränderte Auflage 1999
Titelfoto: Andreas Friese
Umschlaggestaltung: N&N Design-Studio, Walter J. Neumann, Aachen
Umschlagbelichtung: frw, Reiner Wahlen, Aachen
Fotos: Andreas Friese und M. D. Damerius
Zeichnungen: Ingrid Bähr (Oskar), Lilienthal
Satz: Times
Druck: Burg Verlag, Gastinger GmbH, Stolberg
e-mail: verlag@ meyer-meyer-sports.com
Printed in Germany
ISBN 3-89124-228-X

Akrobatik mit Kindern und Jugendlichen

Inhalt

Einleitung 7

Die akrobatische Erlebniswelt 10
    Gemeinsam Handeln 10
    Körpererfahrung 14
    Sich zutrauen – vertrauen 20

Wichtige biomechanische Grundlagen 24
    Die richtige Körperhaltung 24
    Belastungen der Wirbelsäule 28
    Belastungen der Handgelenke 29

Anfangen, aber wie? 30
    Der äußere Rahmen 30
    Wissenswertes zum Einstieg 31
    Akrobatik mit Kindern 33
    Akrobatik mit Jugendlichen 35
    Zur Planung von Übungsstunden 35

Aufführungen gestalten 38
    Zur Inszenierung einer Aufführung 39
    Zum Aufbau einer Aufführung 41

Vorbereitende Übungen 45
    Übungen zur Selbst- und Fremdwahrnehmung 45
    Partnerübungen zur Körperspannung 54
    Vertrauensübungen 56
    Partnerübungen zur Balance 59

Grundlagen des Pyramidenbaus 63
    Begriffserläuterungen 66
    Griffe 66
    Grundelemente des Pyramidenbaus 67
    Pyramiden für vier Personen 73
    Pyramiden für fünf Personen 80
    Pyramiden für sechs Personen 86
    Pyramiden für sieben Personen 93
    Pyramiden für acht und mehr Personen 98

Phantasiefiguren **104**

Dynamische Elemente **113**

Grundlagen der Partnerakrobatik **125**
   „Der Stuhl" und Variationen 126
   „Der Flieger" und Variationen 136
   Der Schulterstand und Variationen 142
   Das Übereinander-Stehen und Variationen 148

Literatur **157**

Einleitung

Akrobatik hat etwas sehr Faszinierendes für Kinder und Jugendliche. Akrobatik ist Zirkuskunst. Wenn Artisten ihre Kunststücke im Manegenrund vorführen, sind die Kinder mit innerer Anteilnahme dabei. Dann leuchten die Augen, die Wangen glühen, und der Atem stockt; sie erliegen dem geheimnisvollen Zauber, der von der Zirkuswelt ausgeht. Vom Zirkus-Sehen zum Zirkus-Selbermachen ist für Kinder nur ein kleiner Schritt, und Akrobatik ist ein wesentlicher Bestandteil desselben. Vielen Kindern und Jugendlichen macht es einen Riesenspaß, Geschicklichkeitsübungen zu erlernen und das Gleichgewicht aufs Spiel zu setzen.

„Vom Zirkus-Sehen zum Zirkus-Selbermachen ist für Kinder nur ein kleiner Schritt."

Eine große Anzahl spektakulär aussehender Pyramiden und Partnerbalancen sind schnell erlernbar, und in relativ kurzer Zeit werden beachtliche Fortschritte erzielt. Erfolgserlebnisse motivieren, spornen an. Alle können mitmachen, ob dick oder dünn, groß oder klein; alle werden gebraucht und finden einen geeigneten Platz innerhalb der menschlichen Bauwerke.

Akrobatik ist Abenteuer. Beim Bau akrobatischer Figuren muß man sich schon etwas zutrauen, bereit sein, aneinander hochzuklettern, mit dem Risiko zu fallen. Andere Körper werden in ungewöhnlichen Haltungen balanciert, und dabei kann man schnell das Gleichgewicht verlieren. Es ist spannend und aufregend zugleich, sich auf das Können und die Fähigkeiten anderer verlassen zu müssen. Pleiten und Erfolge liegen ganz eng beieinander. Nur wenn alle zusammenarbeiten, entstehen menschliche Kunstwerke.

Akrobatik ist Bewegungskunst. Mit einfachen Mitteln können phantasievolle Körperbauwerke geschaffen werden. Der Kreativität sind nur durch die biomechanischen Gesetzmäßigkeiten des menschlichen Körpers Grenzen gesetzt. Kinder sind dann besonders produktiv, wenn sie selbständig nach Bewegungsabläufen suchen und gemeinsam gestalten dürfen.

Akrobatik ist Sport. Man lernt, seinen Körper zu beherrschen und seine Gleichgewichtsfähigkeit zu schulen. Wichtige Eigenschaften wie Kraft, Beweglichkeit, Körperspannung oder die Orientierung im Raum werden auf eine spielerische Weise ausgebildet und im gemeinsamen Tun trainiert.

In diesem Buch möchte ich die Grundlagen der Arbeit mit Kindern und Jugendlichen an Elementen der Partnerakrobatik vorstellen. Unter Partnerakrobatik verstehe ich sowohl einfache Figuren für zwei Personen, als auch Menschenpyramiden bis hin zu zwölf und mehr Mitwirkenden, die ohne den Einsatz von Hilfsmitteln auf dem Boden im Gleichgewicht gehalten werden.

Bei der Vermittlung dieser Figuren in Schule und Verein gibt es Wichtiges zu beachten, da besondere Situationen auftreten. Die Kinder und Jugendlichen müssen lernen, miteinander körperlich umzugehen, denn ohne Körperkontakt entstehen keine Kunststücke. Dabei werden wichtige Erfahrungen gemacht, die ich versucht habe, unter dem Begriff „akrobatische Erlebniswelt" zu beschreiben. An welche Kontexte ist ein Sich-Einlassen gebunden und welche Lebenssituationen stehen dem vielleicht im Wege?

Bei akrobatischen Figuren, insbesondere beim Pyramidenbau, können körperliche Belastungen auftreten, die dem kindlichen bzw. jugendlichen Körper bei unsachgemäßer Ausführung möglicherweise auf Dauer schaden. Deshalb gilt es, bei der Vermittlung wichtige biomechanische Grundlagen zu beachten, die in einem gesonderten Kapitel dargestellt werden.

Vieles hängt von der Art und Weise ab, wie angefangen wird und wie die Kinder und Jugendlichen auf die besonderen Anforderungen vorbereitet werden, um die Begeisterung und Freude an der Bewegungskunst zu wecken. Welche Möglichkeiten es gibt, Übungsstunden sinnvoll aufzubauen, wird ebenso beschrieben, wie die unterschiedlichen Möglichkeiten der Darstellung und Gestaltung von Auftritten.

Neben vielen vorbereitenden Übungen werden im praktischen Teil einfache akrobatische Figuren aus den unterschiedlichen Bereichen der Partnerakrobatik vorgestellt, die sich in der Praxis bewährt haben. Die Vielfalt der Techniken und Bewegungsarten, vom Pyramidenbau über Phantasiefiguren, von dynamischen Elementen bis hin zu eleganten Partnerfiguren, wird in einzelnen Kapiteln ausführlich in Wort und Bild beschrieben.

Allen Akrobatik-Interessierten werden hiermit Hilfen für den Schulungsprozeß an die Hand gegeben, damit noch viel mehr Kinder und Jugendliche die Faszination dieser Bewegungskunst kennenlernen können.

Die akrobatische Erlebniswelt

Das Besondere der Akrobatik liegt nicht allein in der Ungewöhnlichkeit der Bewegungen oder in der Erschaffung menschlicher Kunstwerke. Mit der Akrobatik verbindet sich eine eigene Erlebniswelt, die durch das gemeinsame Miteinander-Umgehen entsteht. Es gibt keine festen, starren Turngeräte; sie werden durch Menschen ersetzt, die in unmittelbarer Abhängigkeit voneinander agieren und für das Gelingen einer Übung aufeinander angewiesen sind. Dieser Umstand erfordert eine intensive Auseinandersetzung der Partner miteinander und macht die Akrobatik pädagogisch so wertvoll.

Teamgeist und Kooperationsbereitschaft müssen entwickelt werden, soll eine Figur oder Pyramide gelingen. Gemeinsames Handeln erfordert genaue Absprachen. Intensive Körpererfahrungen ergeben sich allein durch den engen Körperkontakt. Das eigene Körperbewußtsein, welches sich im Kindes- und Jugendalter noch in der Entwicklung befindet, kann zwar durcheinandergebracht, aber in der Regel meist positiv verändert werden. Die persönlichen Erlebnisse sind ebenfalls von großer Bedeutung. Man muß sich einiges zutrauen: bereit sein, Risiken einzugehen, Enttäuschungen wegzustecken und die besondere Fähigkeit entwickeln, seinen Mitakrobaten zu vertrauen.

Ich möchte nun den Versuch unternehmen, die einzelnen Erfahrungsebenen genauer zu beschreiben, die durch ihre Vielfalt und Gleichzeitigkeit recht schwer zu unterscheiden sind. In ihrer Gesamtheit betrachte ich sie als die akrobatische Erlebniswelt.

Gemeinsames Handeln

Gemeinsames Handeln ist das Grundprinzip der Akrobatik, auf dem alles aufbaut. Beim Pyramidenbau kommt es vor allem auf Teamwork an. Jede einzelne Person soll sich mit anderen am richtigen Platz zum rechten Zeitpunkt zu einem Ganzen zusammenfinden. Die individuellen Interessen müssen zum Gelingen des menschlichen Bauwerks zurückgestellt werden. Jeder einzelne ist ein wichtiger Baustein der Pyramide, aber erst das Zusammenspiel aller Beteiligten bringt den gewünschten Erfolg.

Wieviele spannungsgeladene Situationen können dabei entstehen!: Ist die untere Person tatsächlich in der Lage, mich zu tragen? Steigen die oberen Personen mit der gebotenen Behutsamkeit und Vorsicht auf, ohne herunterzufallen und ohne alles aus dem Gleichgewicht zu bringen? Was mache ich, wenn die Pyramide zusammenfällt? Alle Beteiligten müssen eine besondere Wachsamkeit für ihre Mitakrobaten entwickeln und gleichzeitig die Konzentration auf die eigenen Aktionen richten, wenn eine Pyramide erfolgreich auf- und abgebaut werden soll. An den leuchtenden Augen und den freudig erleichterten Gesichtern läßt sich dann der Stolz auf die gemeinsam vollbrachte Leistung ablesen. Der Pyramidenbau ist ein besonderes und riskantes Ereignis.

„Zuerst bedarf es einer Klärung, wer welche Position innerhalb einer Pyramide einnimmt."

Aber wieviele Absprachen, Beratungen und Auseinandersetzungen sind nötig, um zu dem gewünschten Erfolgserlebnis zu kommen?! Zuerst bedarf es einer Klärung, wer welche Position innerhalb der Pyramide einnimmt. Die einzelnen Schritte des Aufbaus und die dazugehörigen Kommandos müssen abgesprochen werden, ebenso wie die Präsentationsform und der Abbau. Gemeinsame Beratungen werden nötig, wenn die Pyramide nicht zustande kommt.

Positive und negative Körpererlebnisse sollten mitgeteilt werden: „Diesmal standst du richtig auf meinem Becken." „Du hast dein Knie genau auf meiner Wirbelsäule gehabt, das tat verdammt weh." Je größer die Pyramide, desto mehr Absprachen müssen getroffen werden.

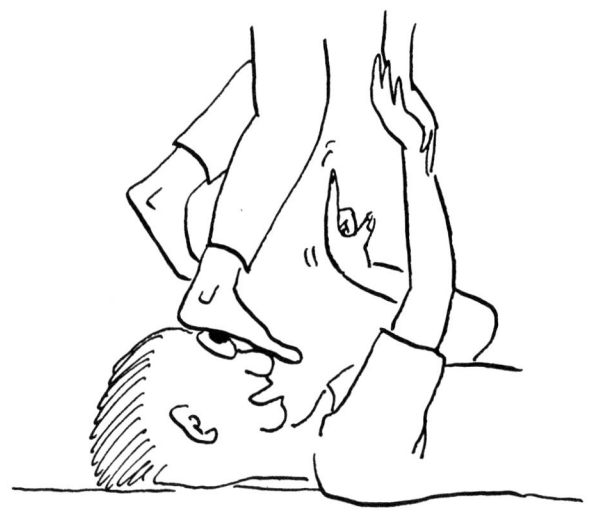

„Positive und negative Körpererlebnisse sollten mitgeteilt werden."

Kommunikation ist auch ein wesentlicher Bestandteil der Partnerakrobatik. Nur zu häufig mangelt es an der gemeinsamen Absprache, wenn eine Figur mißlingt. Deshalb ist es wichtig,
- dem Partner eine Rückmeldung zu geben und sich gegenseitig zu korrigieren: „Ich halte dein Gewicht nur mit der rechten Hand!" „Dein linker Fuß muß höher gestellt werden." „Du hast einen Knick in der Hüfte."
- sich gegenseitig zu ermutigen: „Ich kann dein Gewicht problemlos halten, du bist nicht zu schwer."

- Rückmeldung bei unangenehmen Situationen geben: „Du kneifst mich zu sehr in den Arm." „Deine Knochen sind zu hart, geh' herunter!" „Du hältst mich nicht sicher genug, ich habe kein Vertrauen zu dir."
Lernerfolg und Lernmißerfolg hängen eng mit der Kommunikation untereinander zusammen. Die einzelnen erfahren auch, wie sie von ihren Mitakrobaten erlebt werden. Es besteht häufig ein sehr großer Unterschied zwischen der Selbst- und der Fremdwahrnehmung in bezug auf Körperhaltungen.

Auf diese Weise können Kinder und Jugendliche so enorm wichtige Fähigkeiten wie Teamwork, Kommunikation und Kooperation durch die Auseinandersetzung mit den akrobatischen Figuren hervorragend üben.

„Auf diese Weise können Kinder und Jugendliche Teamwork und Kooperation hervorragend üben."

Körpererfahrung

Ohne Körperkontakt entstehen keine Kunststücke. Körperkontakt ist eine ursprüngliche Form der sozialen Kommunikation. Reize werden von der Körperoberfläche aufgenommen, vom Zentralnervensystem (ZNS) verarbeitet und in Bewegung umgesetzt. Körperkontakt stimuliert verschiedenartige Rezeptoren, die auf Berührung, Druck und Wärme bzw. Kälte reagieren. Das Berühren eines anderen Menschen wird zu einer Handlung, bei der jeder auf den anderen reagiert: Eine aktive Berührung wird durch motorische Aktivität hervorgerufen; eine passive Berührung ist die Aufnahme von Signalen in Form von äußeren Einwirkungen (vgl. ARGYLE, 1989, 255).

Durch das körperliche Miteinander-Umgehen werden auf eine unverfängliche Art Körpererfahrungen ermöglicht, die sich aus vielen sinnlichen Empfindungen zusammensetzen. Ein zentraler Aspekt ist dabei die Auseinandersetzung mit anderen, fremden Körpern: Was gibt es da nicht alles zu entdecken? Wie fühlen sich diese an? Welches Gewicht, welche Größe und welche Form haben sie, sind sie weich, knochig, muskulös etc.?

Allein durch das Auge werden viele neue Eindrücke wahrgenommen. Da liegen, knien, stehen oder hocken andere Personen neben, unter oder über einem. Je nach Standpunkt des Betrachters ergeben sich sehr komische, fremde, aber vor allem neue und interessante Sichtweisen des menschlichen Körpers. Diese Wahrnehmungen können auf den jugendlichen Betrachter möglicherweise lächerlich oder je nach eigener Befindlichkeit vielleicht sogar unangenehm wirken. Dann kostet es für den einzelnen viel Überwindung, sich an den Übungen zu beteiligen. Aber in der Regel bringt es sehr viel Spaß, sich gemeinsam mit anderen in ungewöhnliche Körperpositionen zu begeben und die Welt oder seine Mitakrobaten aus unterschiedlichen Perspektiven wahrzunehmen.

Neben den visuellen werden wichtige taktile Wahrnehmungen empfangen: Die untere Person fühlt den Druck des fremden Körpers, je nach Figur, an anderen Stellen auf sich lasten. Ein falsch gestelltes Knie oder Bein kann dabei schnell das unangenehme Erlebnis eines bohrenden Schmerzes einbringen. Die obere Person wird an unterschiedlichen Körperregionen berührt, gehoben und getragen. Ein behutsames und vorsichtiges Miteinander ist erforderlich, damit die körperliche Nähe nicht als Bedrängung empfunden wird. Deshalb ist es am Anfang sehr wichtig, sich seinen Partner selbst auswählen zu dürfen, damit der Körperkontakt mit einer vertrauten, sympathischen Person zu einem positiven Erlebnis wird.

Nicht nur Berührung, Druck und Schmerz werden durch die Haut wahrgenommen, sondern auch die Wärme und der Schweiß der Mitakrobaten. Diese körperlichen Reaktionen auf die mit der Akrobatik verbundene Anstrengung sollten als etwas ganz Normales hingestellt werden und für die jungen Akrobaten selbverständlich werden. Der natürliche Umgang des Übungsleiters mit diesem sensiblen Bereich hat hier eine wichtige Vorbildfunktion.

Ein besonderer Sinneseindruck, der sehr viel mit Sympathie und Antipathie zu tun hat, sind die Körpergerüche, die durch den engen Körperkontakt wahrgenommen werden. „Ich kann dich nicht riechen" ist ein Ausspruch, der nicht nur im übertragenen Sinne gilt. Ein unangenehmer Körpergeruch kann die Zusammenarbeit untereinander wesentlich negativ beeinflussen und die betroffenen Personen zu Außenseitern machen. Allerdings spielen bei einander vertrauten Personen diese Sinneswahrnehmungen eher eine untergeordnete Rolle und werden kaum beachtet. Falls dieses Problem tatsächlich auftreten sollte, könnte es hervorragend zum Anlaß genommen werden, einmal über das Thema „Sport und Hygiene" zu sprechen.

Die emotionale Befindlichkeit kann bei Jugendlichen sehr unterschiedlich ausfallen. Gleiche Reize lösen bei unterschiedlichen Personen gegensätzliche Gefühle aus. Dieselben Situationen im akrobatischen Training können bei dem einen Gefühle der Freude, der Begeisterung, des Körpergenusses und Wohlbefindens auslösen, währenddessen sich andere durch so viel Körpernähe bedrängt fühlen.

Kinder und Jugendliche, die Probleme mit der eigenen Körperlichkeit haben, die sich als zu dick oder unattraktiv empfinden, sind schwerer zum Mitmachen zu motivieren und ziehen sich aus diesen Gründen aus dem Unterrichtsgeschehen heraus. Aber mit Geduld und Einfühlungvermögen lassen sich auch diese Jungen und Mädchen in den Übungsprozeß integrieren. Manchmal nützt es schon, ihnen kleine Aufgaben zu übertragen, z.B. auf die richtige Körperhaltung der anderen Akrobaten zu achten oder die Gesamtleitung des Auf- und Abbaus einer Pyramide zu übernehmen.

Ich habe immer wieder die Beobachtung gemacht, daß die Jungen wesentlich mehr Schwierigkeiten haben, sich auf die mit der Akrobatik verbundenen Körpernähe einzulassen. Berührungsängste oder die Angst, sich der Lächerlichkeit preiszugeben, sind ebenso Gründe dafür, wie die Angst vor dem Versagen, wenn eine Figur nicht sofort einigermaßen sicher aufgebaut werden kann. Diese Barrieren sind nicht so einfach zu überwinden, zumal Jungen die Akrobatik oftmals gar nicht als „richtigen" Sport akzeptieren. Motivierend auf Jungen wirkt häufig der Hinweis auf die hohen Kraftanteile bei vielen akrobatischen Übungen und daß sie gerade dafür unbedingt gebraucht werden. Mädchen dagegen können sich leichter für neue Bewegungsformen und Bewegungserlebnisse begeistern und haben wesentlich weniger Hemmungen vor Körperkontakt.

„... Schwierigkeiten, sich auf die mit der Akrobatik verbundenen Körpernähe einzulassen."

Akrobatik bietet für Jungen und Mädchen die Möglichkeit, auf eine selbstverständliche Art körperlich miteinander umzugehen. Mädchen können auch Jungen tragen, ein Erlebnis, das den Mädchen Anerkennung und Selbstbestätigung einbringt, von den Jungen aber oft gar nicht so gerne gesehen wird. Gleichzeitig finden Jungen und Mädchen hier die Gelegenheit, gemeinsam Körpererfahrungen zu machen, da das gegenseitige Anfassen von der Bewegung her verlangt wird und deshalb nicht peinlich wirkt.

„Mädchen können auch Jungen tragen, ein Erlebnis, das den Mädchen Anerkennung und Selbstbestätigung einbringt, von den Jungen aber oft gar nicht so gern gesehen wird."

Bisher habe ich nur die Erfahrungen und Sinneseindrücke beschrieben, die mit dem Kennenlernen fremder Körper verbunden sind. Als zweiten zentralen Aspekt betrachte ich diejenigen Erfahrungen, welche sich aus der Auseinandersetzung mit den eigenen körperlichen Möglichkeiten und Grenzen ergeben. Beim Bau von Menschenpyramiden und in der Partnerakrobatik werden wichtige körperliche Fähigkeiten wie Gleichgewichtsgefühl, Körperspannung, Haltung, Kraft und Beweglichkeit benötigt, die viel zur Entwicklung eines gesunden Körpergefühls beitragen.

Da alle akrobatischen Figuren auf dem Prinzip der Aufrechterhaltung eines gemeinsamen Gleichgewichts beruhen, muß in Erfahrung gebracht werden, wie sich die Balance des eigenen Körpers in Verbindung mit dem des Partners anfühlt. Welche Muskeln werden dabei angespannt, wie fühlt sich der Druck des anderen Körpers auf meiner Haut und auf meinen Gelenken an? Um den Gleichgewichtszustand aufrechtzuerhalten, bleibt der Körper niemals starr; ständig werden kleine Balancierbewegungen ausgeführt. Auf jede noch so kleine Haltungsänderung muß schnell reagiert werden. Die Entwicklung des Gleichgewichtsgefühls setzt eine hohe Konzentration und Wachheit aller Sinne voraus. Kinder lieben es, ihr Gleichgewicht aufs Spiel zu setzen, um es dann immer wieder neu zu finden. Bewußt oder unbewußt schulen sie dabei ihre Sinne und Wahrnehmungsfähigkeit.

Um einen anderen Körper ausbalancieren zu können, muß dieser möglichst fest und angespannt sein. Körperspannung ist vor allem für die obere Person wichtig. Sie sollte lernen, den ganzen Körper, vom Kopf bis zu den Füßen, so unter Muskelanspannung zu halten, daß sich kein Körperteil unbewußt verschiebt. Bei den ungewöhnlichen Positionen, vor allem bei Kopfüber-Stellungen, ist die Aufrechterhaltung der geforderten Spannung gar nicht so einfach, da erst herausgefunden werden muß, welcher Muskel für welche Haltungsänderung zuständig ist.

Ein Gefühl für die richtige Wirbelsäulenhaltung ist bei den auftretenden Belastungen eine weitere unerläßliche Voraussetzung (siehe dazu: S. 24 ff und BLUME, 1992, 32 ff). Vielen Kindern bereitet es erhebliche Mühe, ein Gefühl für die gerade Wirbelsäulenhaltung, beispielsweise bei der Bankstellung (siehe S. 24f), eine der Grundpositionen beim Pyramidenbau, zu bekommen: Wann stehen Arme und Oberschenkel tatsächlich genau senkrecht? Wann wird die Wirbelsäule wirklich gerade gehalten, so daß für den Betrachter weder ein Hohlkreuz noch ein Katzenbuckel zu sehen ist?

Abb. 1: Die Dachreiter-Pyramide als Beispiel für die benötigte Beweglichkeit der Personen A und B im Lendenwirbelsäulenbereich

Körperliche Grenzen werden bei der Beweglichkeitsfähigkeit erfahrbar. Die in diesem Buch beschriebenen akrobatischen Figuren setzen keine übermäßige Gelenkigkeit voraus. Einige Techniken, wie beispielsweise bei der Dachreiter-Pyramide (siehe Abb. 1), erfordern aber eine normale bis gute Beweglichkeit der Wirbelsäule und der Hüftgelenke.

Bei dieser Pyramide müssen die Personen A und B über eine gewisse Beweglichkeit im Lendenwirbelsäulenbereich verfügen, damit die obere Person sicher, ohne abzurutschen, auf deren Becken stehen kann. Häufig ist diese Beweglichkeit, insbesondere bei Jungen, nicht mehr vorhanden: ein sehr überraschendes Erlebnis für die Betroffenen. Viele Kinder und Jugendliche interessiert es allgemein recht wenig, ob sie beweglich sind oder nicht. Aber wenn sie feststellen, daß sie aus diesen Gründen eine gewünschte Position innerhalb einer Pyramide nicht einnehmen können, zeigt das eine beachtliche Wirkung. Direkter können Körpererfahrungen nicht gemacht werden.

Die eigenen körperlichen Möglichkeiten und Grenzen werden auch bei der Kraftfähigkeit offensichtlich. Allerdings darf ihre Bedeutung für die Akrobatik nicht überschätzt werden, da Anfänger beim Erlernen der Figuren mangelnde Technik durch Kraft ausgleichen. Mit fortschreitender Übungsdauer und Ausbildung des Bewegungsgefühls gelingt es dann immer mehr, Kraft durch Technik zu ersetzen.

Sich zutrauen – vertrauen

Bisher habe ich die kommunikativen und sensorischen Inhalte, die sich in der Auseinandersetzung mit der Akrobatik ergeben, aufgezeigt. Nun möchte ich mich im dritten Bereich den emotionalen Aspekten zuwenden.

Es gibt viele einfache Figuren, die eine sehr spektakuläre Wirkung auf den unbefangenen Betrachter erzielen. Sobald die Kinder oder Jugendlichen bemerken, daß diese gar nicht so schwer nachzubauen sind, daß sie das auch können, setzt schnell ein Erfolgserlebnis ein. Die Feststellung, daß „sensationelle" Figuren in Kürze gelingen, kann leicht Erstaunen über die eigenen „versteckten" Fähigkeiten hervorrufen und das Selbstbewußtsein stärken. Gefühle der Freude und des Stolzes über das gelungene Kunststück stellen sich ein. Diesen Umstand bewerte ich gerade deshalb so hoch, weil sich viele Kinder die erforderlichen Fähigkeiten zunächst nicht zutrauen. Die skeptischen Mienen am Anfang verraten dies nur zu deutlich.

„Gefühle der Freude und des Stolzes über das gelungene Kunststück stellen sich ein."

Alle spektakulär wirkenden Kunststücke bestechen nicht nur durch Ungewöhnlichkeit, sondern weil sie gefährlich wirken. Beim Spiel mit dem Gleichgewicht müssen die jungen Akrobaten für ihre Kunst ein Wagnis eingehen, den Mut aufbringen, „Kopf und Kragen" zu riskieren, um den gewünschten Erfolg zu haben. Der zwischenmenschliche Bereich unter den Partnern ist hierfür von entscheidender Bedeutung. Die untere Person einer Figur oder Pyramide muß sich zutrauen, dem oberen Partner einen sicheren Halt zu geben. Sie sollte davon überzeugt sein, über genug muskuläre Kraft zu verfügen, um Sicherheit auszustrahlen. Dieser äußere muskuläre Halt ist ohne die Aktivierung der inneren, psychischen Kräfte nicht möglich. Akrobaten haben Standfestigkeit, weil sie immer wieder bewußt ihr Gleichgewicht aufs Spiel setzen. Sie versuchen auch in brenzligen Situationen ständig ihre Haltung zu bewahren, um dem oberen Partner eine zuverlässige Stütze zu sein (vgl. KIPHARD, 1986, 13).

Der oberen Person kostet es anfangs viel Überwindung und Risikobereitschaft, ihren Körper mit seinem ganzen Gewicht anderen Menschen anzuvertrauen. Bei solchen „wackligen" Gebilden aus menschlichen Körpern, die so wenig Haltemöglichkeiten bieten, ist die Angst vor schmerzhaften Stürzen, verbunden mit der Gefahr, seine Mitakrobaten auch noch zu verletzen, nicht unbegründet. Dazu benötigt man ein gehöriges Maß an Vertrauen zu sich selbst und zu seinen Mitakrobaten.

„Ist die untere Person tatsächlich in der Lage, mich zu tragen?"

Vertrauen gehört zu den Verhaltensweisen, die durch Erfahrung gelernt und durch neue Erfahrungen positiv oder negativ verstärkt werden. Mangelndes oder enttäuschtes Vertrauen beeinflußt das Arbeitsklima zwischen den Partnern ungemein. Die Übungen werden nur noch halbherzig, unsicher oder verkrampft ausgeführt. Ein zerstörtes Vertrauensverhältnis muß unbedingt durch Gespräche und durch die Wiederholung der mißlungenen Übungen wiederhergestellt werden, da sonst die Basis zur gemeinsamen Arbeit fehlt.

Mit zunehmendem Vertrauen wachsen allerdings die Handlungsmöglichkeiten aller Beteiligten. Die Risikobereitschaft der oberen Person steigert sich, und die Angst vor dem Fallengelassen-Werden oder vor neuen, unbekannten Bewegungen wird abgebaut.

Aus den vielen sinnlichen Eindrücken und Empfindungen, die ich in diesem Kapitel zu beschreiben versucht habe, gehen Erfahrungen hervor, die mit dem Körper und durch den Körper gemacht werden. Durch die Gesamtheit der Erfahrungen kommen sehr bedeutende Lernvorgänge zum Tragen, die viel zu einer positiven Persönlichkeitsentwicklung bei Kindern und Jugendlichen beitragen können (vgl. FUNKE, 1980, 13 ff; KIPHARD, 1986, 13 ff).

„... Erfahrungen, die mit dem Körper und durch den Körper gemacht werden."

Teamgeist und Kooperationsbereitschaft sind wichtige Fähigkeiten, die in unserer Gesellschaft einen hohen ideellen Stellenwert besitzen. Eine Verbesserung der Sinnesleistungen geht Hand in Hand mit einer Verbesserung der allgemeinen Handlungsfähigkeit. Das Vermögen, sich etwas zuzutrauen und anderen zu vertrauen, hat sicherlich Wirkungen auf die zwischenmenschlichen Beziehungen. Aber wir befinden uns hier in einem äußerst sensiblen Grenzbereich. Freude und Stolz über gelungene Aktionen können sich sehr schnell in schmerzliche Erfahrungen umwandeln. Begeisterung und Frustration, Vertrauen und Enttäuschung, Erfolg und Mißerfolg liegen bei der Akrobatik dicht beieinander. Aber vielleicht macht gerade das die Akrobatik so spannend.

Die wenigsten Anfänger sind in der Lage, diese Vielfalt von Eindrücken bewußt wahrzunehmen. Die Gesamtheit und Gleichzeitigkeit unterschiedlicher Empfindungen verschmelzen zu einem einheitlichen Wahrnehmungserlebnis. Daher ist es die Aufgabe des Unterrichtenden, in Gruppen- oder Einzelgesprächen das Augenmerk bewußt auf einzelne Aspekte zu richten und diese hervorzuheben. Dadurch läßt sich die Akrobatik pädagogisch sinnvoll nutzen.

Wichtige biomechanische Grundlagen

Der menschliche Körper, insbesondere im Kindes- und Jugendalter, wenn er sich noch in der Entwicklung befindet, ist weich, verletzlich und nur bedingt belastbar. Bei einigen Pyramiden, aber auch bei Partnerübungen treten verhältnismäßig hohe statische und dynamische Belastungen der Gelenke auf. Bei der Übungsauswahl in diesem Buch habe ich sorgfältig darauf geachtet, daß keine Übungen schädigend sind oder die Wirbelsäule zu stark belasten, wenn die richtige Technik vermittelt wird. Dabei müssen einige wichtige biomechanische Aspekte berücksichtigt werden.

Die richtige Körperhaltung

Bei allen Übungen ist die richtige Körperhaltung von entscheidender Bedeutung. Sie trägt erheblich dazu bei, Überbelastungen zu vermeiden. Deshalb sollte bei Anfängern darauf besonders großer Wert gelegt werden.

Eine der wichtigen Grundhaltungen beim Pyramidenbau ist die Bankstellung (siehe Abb. 2).

Abb. 2 : Die richtige, senkrechte Bein- und Armstellung

Die falsche Bein- und Armstellung

Die Arme sollten in Schulterbreite, die Beine in Hüftbreite auseinander stehen. Arme und Beine müssen stets genau senkrecht gestellt sein, damit das Körpergewicht der oberen Person direkt an den Boden weitergegeben werden kann. Erst dann ist diese Position für den Unteren mühelos zu halten.

Ferner muß ein Gefühl für die gerade Wirbelsäulenhaltung entwickelt werden (vgl. Abb. 3).

Abb. 3: Die richtige, gerade Wirbelsäulenhaltung – weder Hohlkreuz, noch Katzenbuckel

Es darf weder ein Hohlkreuz, noch ein Katzenbuckel zu sehen sein. Erst dann ist die richtige Stellung des Beckens gewährleistet, die der oberen Person einen sicheren Stand ermöglicht.

Sowohl die senkrechte Arm- und Beinhaltung, als auch die gerade Wirbelsäulenhaltung läßt sich gar nicht so einfach erarbeiten, da eine Kontrolle der richtigen Stellung nur durch einen Spiegel oder durch eine andere Person möglich ist.

Die gerade, aufrechte Körperhaltung im Stehen wird dann wichtig, sobald eine gewisse Last auf den Schultern getragen wird, wie dies beispielsweise bei der Basistechnik des Übereinander-Stehens der Fall ist (vgl. Abb. 4).

Abb. 4: Die gerade, aufrechte Haltung im Stehen   Die falsche Haltung

Bei dieser Figur muß die untere Person unbedingt darauf achten, daß die Wirbelsäule gerade gehalten wird. Die Kniegelenke sollten nicht vollständig durchgedrückt, sondern leicht gebeugt werden (vgl. dazu BLUME, 1992, 20 ff). Werden Lasten auf den Schultern mit einer fehlerhaften Körperhaltung getragen, müssen Muskeln und Gelenkknorpel einen Teil der Halteaufgaben des Skeletts übernehmen.

Auf eine gerade Wirbelsäulenhaltung sollte, auch aus ästhetischen Gründen, bei den leicht gehockten Positionen geachtet werden, wie sie beispielsweise bei der Basistechnik des „Stuhls" oder verschiedenen Galionspyramiden erforderlich sind (vgl.: Abb. 5).

Bei dieser Körperhaltung dürfen die Knie nicht nach innen verdreht werden, da diese Fehlstellung unter Belastung zu einer Dehnung der Bänder im Knie führen kann (siehe Abb. 6). Oberschenkel, Unterschenkel und Füße sollten sich auf einer Linie befinden, wie dies Abb. 5 zeigt.

Abb. 5: Die leicht gehockte Körperhaltung, Ausgangsposition für verschiedene Partnerübungen

Abb. 6: Die falsche, leicht gehockte Körperhaltung. Der Oberkörper soll te nicht nach vorne gebeugt, und die Knie dürfen nicht nach innen verdreht werden.

Belastungen der Wirbelsäule

Die Wirbelsäule als axiale Stütze des Körpers ist eine feste, in sich biegsame Säule. Ihre doppel-S-förmige Krümmung und die elastische Verankerung des Kreuzbeins durch starke Bänder im Beckengürtel sind für die Dämpfung von Stößen und Erschütterungen von entscheidender Bedeutung. Eine normal geformte Wirbelsäule mit einer gut ausgebildeten Rumpfmuskulatur und einem stabilen Bandapparat kann hohe Belastungen ohne gesundheitliche Gefährdung abfangen, wenn diese gleichmäßig auf Wirbelkörper, Bandscheiben und Wirbelgelenke verteilt sind. Deshalb ist eine gerade Wirbelsäulenhaltung so wichtig.

Da die Wirbelsäule und die stützende Rumpfmuskulatur bei Kindern und Jugendlichen noch nicht voll ausgebildet ist, sollten große Belastungen vermieden und folgende Empfehlungen unbedingt berücksichtigt werden:

- Kinder und Jugendliche sollten niemals mehr als ihr eigenes Körpergewicht auf den Schultern tragen. Noch besser wäre es, wenn immer leichtere Personen die oberen Positionen bei den akrobatischen Figuren einnehmen würden.

- Belastungen der Wirbelsäule dürfen nur von kurzer Dauer sein. Länger andauernder Druck auf die Bandscheiben kann sich schädlich auswirken, vor allem wenn nicht in der aufrechten, geraden Körperhaltung getragen wird. Deshalb ist es wichtig, alle Figuren schnell auf- und abzubauen. Sie sollten nicht länger als drei bis fünf Sekunden präsentiert werden.

- Plötzlich auftretende Druckbelastungen auf die Wirbelsäule müssen unbedingt vermieden werden. Derartige Belastungen treten auf, wenn eine Person von einer oberen Position bei einer Pyramide unvermutet abspringt. Bei jeder Absprunghandlung muß sie sich aktiv von ihrer Unterlage abdrücken. Da diese Unterlage in unserem Falle nicht fest und starr ist, sondern aus weichen und verletzlichen Körpern besteht, sollten derartige Aktionen möglichst gar nicht vorkommen.

Belastungen der Handgelenke

Das Handgelenk wird durch acht kleine Handwurzelknochen gebildet und setzt sich aus einem proximalen und einem distalen Gelenk zusammen. Wird das Handgelenk extrem abgewinkelt und steht unter Druck, wie dies beispielweise beim Handstand der Fall ist, so kommt es zur deutlichen Verschiebung und Stellungsänderung der Handwurzelknochen. Dieser Umstand kann eine Überdehnung oder Überlastung der Bänder und Sehnen, die die Gelenke stützen, zur Folge haben. Derart überlastete Bänder drücken auf die an dieser Stelle recht ungeschützten Nerven und verursachen Schmerzen. Handgelenksbelastende Übungen, wie z.B. alle Bankstellungen, der Schulterstand, der Lindwurm etc. dürfen nicht zu lange und ausdauernd geübt werden.

Die Kinder und Jugendlichen sollten ein Gefühl für gelenksbelastende Übungen entwickeln: Wann werden Gelenke belastet, und an welchem Punkt treten Überbelastungen oder Schmerzen auf? Dann gilt es, die entsprechenden Übungen abzubrechen.

Abschließend stellt sich allerdings die Frage, wo und mit welchen Körperteilen kann denn problemlos viel Gewicht getragen werden? Antwort: mit dem Becken und mit den Beinen. Bei Kindern ist in der Regel die Beinmuskulatur im Verhältnis zur Armmuskulatur wesentlich besser entwickelt. Große Lasten, auch mehr als das eigene Körpergewicht, können mit dem Becken mühelos gehalten werden. Alle Pyramiden in der Bankstellung, sofern die richtige Haltung eingenommen wird und nicht zu viel Druck auf die Handgelenke kommt, sind von der Belastung her mühelos zu bewältigen. Mit den Beinen und auf den Oberschenkeln kann ebenfalls großes Gewicht getragen werden. Aus diesem Grunde sind für Anfänger die Galionspyramiden und der „Stuhl" als Basistechnik in der Partnerakrobatik hervorragend geeignet.

Anfangen, aber wie?

Aller Anfang ist schwer, zumal es bei der Akrobatik so viele unterschiedliche Dinge zu beachten gibt. Deshalb ist ein behutsamer Einstieg in das Thema nötig, um die Kinder und Jugendlichen bei den neuen und ungewöhnlichen Bewegungshandlungen nicht von Anfang an zu überfordern. Vorbereitende Übungen zu den Themen: Körperkontakt, Vertrauen, Körperspannung und Gleichgewicht sind ein unbedingtes Muß, um den jungen Akrobaten nicht die Freude und den Spaß an der Bewegungskunst zu nehmen. Wie bei der Vermittlung anderer Sportarten sollte auch hier an Bekanntes oder an Alltagsbewegungen angeknüpft werden, um dann ganz allmählich daraus die Kunst des Spiels mit dem Gleichgewicht zu entwickeln. Bevor ich jedoch näher darauf eingehe, möchte ich ein paar Anmerkungen zum äußeren Rahmen machen.

Der äußere Rahmen

Akrobatik ist Körperkunst; der Mensch dient als Turngerät, daher werden so gut wie gar keine Gerätschaften benötigt. Ein ebenes Stück Rasen, versehen mit einer Decke, genügt im Sommer, um loslegen zu können. Besser eignen sich allerdings gepolsterte Unterlagen. Die Verwendung von Bodenturnmatten aus Nadelfilz oder Judomatten ist für die Akrobatik ideal, da diese Matten ein tiefes Einsinken beim Stehen oder beim Aufsprung verhindern und eine gute Standsicherheit ermöglichen. Die einfachen blauen Turnmatten können ebenfalls benutzt werden, bieten aber aufgrund der Weichheit nur geringe Stabilität und wenig Standfestigkeit. Sie erschweren die Gleichgewichtsregulation bei Balanceübungen im Stehen.

Zur Kleidung lassen sich folgende Ratschläge geben: sie sollte möglichst rutschfest sein. Leggins sind daher besser geeignet als weite Jogginghosen. Von kurzen Turnhosen ist eher abzusehen, da sonst die Haut an den Oberschenkeln bei vielen Übungen in Mitleidenschaft gezogen werden kann. Auf keinen Fall dürfen Turnschuhe mit festen Sohlen getragen werden. Zum einen behindern sie das Balancegefühl in den Füßen erheblich, zum anderen verursachen sie Blessuren, wenn damit auf anderen Personen herumgestiegen wird. Mit Gymnastikschuhen (ideal, wenn sie Ledersohlen haben), Socken oder barfuß läßt sich viel besser arbeiten.

Durch die mit der Akrobatik verbundene körperlichen Anstrengung kommt man sehr schnell ins Schwitzen, und die Hände werden feucht und rutschig. Magnesia, wie es die Turner verwenden, beugt dem vor und macht die Ausstattung für die Akrobatik komplett. Nun kann's losgehen.

Wissenswertes zum Einstieg

Wir machen jetzt Akrobatik! Schon allein das Erwähnen des Begriffs kann bei manchem Kind den Atem stocken und das Herz höher schlagen lassen, nicht nur aus Begeisterung, sondern auch aus Angst. Viele wähnen sich zu unsportlich oder denken an die gefährlichen akrobatischen Höchstleistungen, die sie irgendwann im Zirkus gesehen haben. Dem gilt es durch ein Gespräch vorzubeugen. Man sollte klären, was sich hinter dem Begriff verbirgt. Akrobatik ist ein Spiel mit dem Gleichgewicht, bei dem jede und jeder bedenkenlos mitmachen kann.

Mit diesem einführenden Gespräch wird schon ein wesentlicher Grundstein für eine entspannte Unterrichtsatmosphäre geschaffen, die für die gemeinsame Arbeit unbedingt notwendig ist. Es sollte ein Ambiente entstehen, in dem Vertrauen wachsen kann, in dem es den Teilnehmern leicht fällt, sich aufeinander einzustellen und sich gegenseitig zu respektieren. Deshab sollte man sich für vorbereitende Übungen Zeit nehmen, nichts überstürzen und nichts erzwingen.

Wird in der Schule eine Unterrichtseinheit zum Thema Akrobatik geplant, ist es empfehlenswert, diese nicht an den Anfang eines Schuljahres zu legen, damit Schüler und Lehrer Zeit haben, sich gegenseitig kennenzulernen. Je besser sich eine Gruppe untereinander kennt, desto leichter fällt es ihr, sich auf die erforderlichen Übungen einzulassen.

Von Anfang an sollte auf möglichst spielerische Weise ein erster Körperkontakt hergestellt werden. Es gibt viele Kleine Spiele, die hervorragend dazu geeignet sind, sowohl einen unverfänglichen körperlichen Umgang miteinander zu fördern, als auch die Wahrnehmung auf den anderen Menschen zu richten (siehe dazu S. 45 ff).

Viele funktionelle Dehn- und Kräftigungsübungen lassen sich auch als Partnergymnastik durchführen. Damit wird eine Kontinuität des Körperkontakts aufrechterhalten.

Vertrauensübungen gehören unbedingt zu einem guten Einstieg, da sie wesentlich dazu beitragen, sich auf andere Personen einzulassen. Es können erste grundlegende Erfahrungen gesammelt werden, wie sich das Gewicht anderer Körper anfühlt und erste Barrieren überwunden werden, seinen Körper und sein Gewicht anderen anzuvertrauen. Übungen, die mit Körperspannung verbunden sind oder sich mit dem Thema „Führen und Folgen" beschäftigen, eignen sich hervorragend für den Anfang.

Bei vielen akrobatischen Figuren wird die obere Person nur an kleinflächigen Körperstellen gehalten und kann nur mit einer guten Muskelanspannung die gewünschte Position halten. Übungen zur Körperspannung sind daher ein weiterer wesentlicher Bestandteil der Anfängerschulung. Viele Kinder wissen noch gar nicht, auf welche Weise sie ihren Körper steif wie ein Brett halten können und müssen erst lernen, welche Muskeln angespannt werden sollen, um eine gute Körperspannung aufzubauen.

Alle Techniken der Partnerakrobatik basieren auf dem Prinzip der Aufrechterhaltung eines gemeinsamen Gleichgewichts, sind Balanceakte. Partnerorientierte Gleichgewichtsübungen dürfen bei einer guten Vorbereitung nicht fehlen. Sie veranschaulichen das Prinzip des Gleichgewichthaltens in gegenseitiger Abhängigkeit und schulen wichtige Eigenschaften der Selbst- und Fremdwahrnehmung.

Körperkontakt herstellen, Vertrauen aufbauen, Körperspannung erfahren und ein gemeinsames Gleichgewicht halten – einer derart vorbereiteten Gruppe dürfte es dann nicht sehr schwer fallen, die Grundlagen des Pyramidenbaus und der Partnerakrobatik zu erlernen.

Akrobatik mit Kindern

Bei der Arbeit mit Kindern stellt sich eingangs die Frage, in welchem Alter es sinnvoll ist, mit Akrobatik anzufangen. Meiner Meinung nach sollte nicht zu früh damit begonnen werden, da akrobatische Fertigkeiten eine bewußte Bewegungssteuerung und eine gewisse Stütz- und Haltekraftfähigkeit voraussetzen. Frühestens im Alter von 10, eher mit 11 oder 12 Jahren haben die Jungen und Mädchen die Fähigkeit zur bewußten und kontrollierten Steuerung der Bewegungen entwickelt. Man kann von einer Beherrschung und Sicherheit der Bewegungsführung ausgehen, und sie verfügen über genügend Kraft. Allerdings ist die Kraftfähigkeit der Beine in diesem Alter wesentlich besser entwickelt als die Stützkraft der Arme (vgl. MEINEL/SCHNABEL, 1987, 335 f). Darauf sollte bei der Auswahl der akrobatischen Figuren Rücksicht genommen werden.

Nach den vorbereitenden Übungen ist es empfehlenswert, mit den Grundlagen des Pyramidenbaus zu beginnen. Ich habe immer wieder die Erfahrung gemacht, daß gerade der Bau von Menschenpyramiden einen besonders großen Reiz auf die Kinder ausübt. Zuerst sollten gemeinsam die wichtigsten biomechanischen Grundlagen behandelt werden (siehe dazu S. 24 ff). Nachdem durch einfache Balancierübungen auf dem Becken eines Partners erste grundlegende Erfahrungen gesammelt wurden, kann mit dem Bau einfacher Pyramiden begonnen werden.

Um eine klare Bewegungsvorstellung von einer Pyramide zu bekommen, sollte man unbedingt mit Abbildungen oder Arbeitskarten arbeiten. Sie ersparen mühselige Bewegungsbeschreibungen, die niemand versteht. Ohne Abbildungen werden die erforderlichen Bewegungshandlungen beim Bau von Menschenpyramiden sehr schwer vorstellbar. Es müßten sehr viele Informationen und Bewegungsbeschreibungen gegeben werden, häufig für mehrere Personen gleichzeitig, was für den einzelnen sehr verwirrend und ermüdend sein kann. Der Einsatz von Arbeitskarten ermöglicht ein selbständiges Erarbeiten ausgewählter Pyramiden innerhalb einer Kleingruppe. Die Kinder können selbst entscheiden, welche Position sie innerhalb des Gebildes einnehmen, und wie lange sie sich mit den einzelnen Bewegungen und Abläufen beschäftigen wollen. Auf diese Weise entsteht eine Arbeitsatmosphäre, die Raum für die in der Akrobatik so wichtige Kommunikation läßt und eine intensive Zusammenarbeit fördert. Abbildungen von Pyramiden haben eine ungemein motivierende Wirkung. Die Kinder betrachten die darauf abgebildeten Kunststücke, sind meist sofort begeistert und wollen diese auf der Stelle nachbauen.

Nach dem Einstieg durch den doch sehr statischen Pyramidenbau kann die Arbeit an dynamischen Elementen oder an Phantasiefiguren begonnen werden. Erste Berührungsbarrieren wurden bis dahin schon weitgehend abgebaut, und den Kindern fällt es zu diesem Zeitpunkt leichter, sich auf neue Bewegungsformen einzulassen, wie sie beispielsweise bei den Phantasiefiguren erforderlich sind. Das Üben an den Phantasiefiguren ist mit viel Lachen und Ausgelassenheit verbunden, was zu einer heiteren und lockeren Unterrichtsatmosphäre beiträgt.

Die Basistechniken der Partnerakrobatik dürfen in diesem Alter nicht zu früh eingeführt werden. Die Figur „Der Stuhl" kann noch relativ schnell in der Grobform erlernt werden, da kein allzu hoher Kraft- und Koordinationsaufwand für das Ausbalancieren einer Person auf den Oberschenkeln benötigt wird.

Die Figur „Der Flieger" stellt an die untere Person Anforderungen, die in der Regel nicht ad hoc erfüllt werden können. Die obere Person darf nur mit den Füßen ausbalanciert werden, was neben einer guten Beweglichkeit der Bein- und Hüftbeugemuskulatur ein gutes Feingefühl in den Fußsohlen und eine genaue Wahrnehmung und schnelle Reaktion bei jeder kleinen Lageveränderung des Fliegers von der unteren Person verlangt. Die Kinder müssen schon eine Weile üben, bis es zum Gelingen dieses Bewegungsablaufs kommt.

Der „Schulterstand" stellt erhebliche Anforderungen an die jungen Akrobaten, da es sich um eine ungewohnte Überkopf-Stellung handelt. Nicht nur der Körper, sondern auch die Orientierung im Raum und das ganze Körpergefühl werden auf den Kopf gestellt, obwohl die Figur eine hohe Stabilität durch die vier Auflagepunkte (Schultern und Hände) der oberen Person aufweist. Die untere Person muß über genügend Stützkraft in den Armen verfügen, um sicher halten zu können. Aber diese Bedingung wird von den Kindern in diesem Alter oft noch nicht erfüllt. Daher sollte man diese Figur sehr behutsam einführen und mit viel Hilfestellung arbeiten.

Meiner Meinung nach ist es aus biomechanischen Gründen nicht sinnvoll, wenn Kinder von 10, 11 oder 12 Jahren schon das „Übereinander-Stehen" erlernen. Bei dieser Basistechnik wird die Wirbelsäule der tragenden Person stark belastet, da sich die stützende Rumpfmuskulatur in diesem Alter noch nicht richtig ausgebildet hat. Vorkenntnisse über die gerade Körperhaltung im Stehen und über Wirbelsäulenbelastungen müssen bei dieser Figur zugrunde gelegt werden.

Die Basistechniken der Partnerakrobatik sind bei Kindern anfangs gar nicht so beliebt, da sie nicht sofort auf Anhieb aufgebaut werden können, sondern einigen Übungsaufwand erfordern. Konzentration, bewußte Körperwahrnehmung und Kraft werden benötigt, da die Bewegungen noch weitgehend unökonomisch und wenig präzise sind. Vor allem fehlt es noch an einem gemeinsamen Timing und einem zusammenhängenden, aufeinander abgestimmten Bewegungsfluß. Daher führt das Üben an den Techniken rasch zur Ermüdung. Kraft und Geduld der Kinder dürfen nicht überstrapaziert werden.

Akrobatik mit Jugendlichen

Die Arbeit mit Jugendlichen im Alter ab 14 Jahren unterscheidet sich nicht erheblich von der mit Kindern. Auch hier empfiehlt es sich, viel Zeit für die vorbereitenden Übungen zu verwenden. Danach kann man sowohl mit dem Pyramidenbau, als auch mit den Basistechniken der Partnerakrobatik beginnen. Die Jugendlichen zeigen in der Regel wesentlich mehr Geduld und Ausdauer beim Erlernen der Grundtechniken. Auch das „Übereinander-Stehen" kann in diesem Alter eingeführt werden, wenn die Regel, nicht mehr als sein eigenes Körpergewicht auf den Schultern zu tragen, berücksichtigt wird. Bei Jugendlichen empfiehlt es sich noch mehr, die Figuren durch selbständiges Arbeiten mit Hilfe von Arbeitskarten in kleinen Gruppen erlernen und üben zu lassen, wenn die grundlegenden biomechanischen Kenntnisse vorhanden sind.

Zur Planung von Übungsstunden

Zur Planung und Gestaltung des akrobatischen Trainings möchte ich noch einige wichtige Hinweise geben, die sowohl das Aufwärmen, als auch den Aufbau einzelner Stunden betreffen.

Beim Aufwärmen soll nicht nur der Körper auf die spezifischen Bewegungsanforderungen und Belastungen vorbereitet werden, sondern es soll auch eine emotionale und mentale Vorbereitung auf die Trainingsanforderungen erfolgen. Dieser Aspekt ist gerade bei der Akrobatik wichtig, da die besondere Situation der körperlichen Nähe, des Körperkontakts, besteht. Das Aufwärmen bietet die Möglichkeit, sich langsam auf die anderen Menschen einzustellen und kann dazu beitragen, eine kooperative, vertrauensvolle Arbeitsatmosphäre zu schaffen. Durch eine gezielte Auswahl von Kleinen Spielen können Berührungsängste abgebaut und ein erster Körperkontakt in spielerischer Form erleichtert werden.

Dehn- und Kräftigungsgymnastik darf bei einem guten Aufwärmen auf keinen Fall fehlen. Viele akrobatische Techniken erfordern eine gute Beweglichkeit der Hüftgelenke, der Beine und der Wirbelsäule (vgl. BLUME, 1992, 17). Haltekraft und Kraftausdauer werden benötigt, damit eine Figur ausbalanciert und eine Weile gehalten werden kann. Dabei sollte vor allem Wert auf die Bauch-, Rücken- und Gesäßmuskulatur gelegt werden, da diese Muskelgruppen für die Haltearbeit des Rumpfes zuständig sind, aber oft vernachlässigt werden. Partnerübungen zur Balance- und Körperspannung am Ende der Aufwärmphase dienen der akrobatikspezifischen Einstimmung.

Nachdem ein Einstieg in die Akrobatik durch die vorbereitenden Übungen stattgefunden hat und erste Grundlagen des Pyramidenbaus oder der Partnerakrobatik gelegt wurden, ist es empfehlenswert, zur Gestaltung des Techniktrainings folgende Hinweise zu berücksichtigen:

Bei der Planung einer Übungsstunde sollten die Techniken so ausgewählt werden, daß die Belastungen der Muskulatur und der Gelenke möglichst in einem ausgeglichenen Verhältnis zueinander stehen und einzelne Muskelgruppen nicht einseitig oder zu lange beansprucht werden. Viele Pyramiden und Partnerfiguren belasten beispielsweise vor allem die Hüft- und Beinmuskulatur.

Übungen dynamischen Charakters erfordern Schnellkraft. Sie sollten am Anfang der Stunden stehen, da dann mit einer größeren Konzentration und einem ausgeruhteren Zustand der Teilnehmer gerechnet werden kann. Um ein möglichst vielseitiges Übungsprogramm zu gestalten, sollte eine Übungsstunde sowohl dynamische Elemente und Phantasiefiguren als auch Techniken der Partnerakrobatik und des Pyramidenbaus beinhalten, wobei der Schwerpunkt der Stunde je nach Interesse oder Zielvorstellungen auf bestimmte Techniken gelegt werden kann. Eine gemeinsame große Pyramide zum Abschluß einer Stunde wird von allen immer gerne gebaut.

Wenn eine gewisse Bewegungsvorstellung vorhanden ist, sollten die Übungspartner wechseln. Denn sowohl durch individuelle Größe und Gewicht, als auch durch unterschiedliche Körperproportionen lassen sich viele Erfahrungen sammeln, die zu einer allgemeinen Verbesserung der

Techniken führen. Die jungen Akrobaten werden feststellen, daß die gleiche Übung mit einem anderen Partner möglicherweise viel leichter, in der Regel aber wesentlich schwerer aufzubauen ist. Ein gemeinsames Timing der Auf- und Abgänge muß neu gefunden werden. Die Träger müssen oftmals die oberen Personen anders ausbalancieren, da der Körperschwerpunkt unterschiedlich ist. Aufgrund der Körperproportionen liegt der Körperschwerpunkt bei Mädchen tiefer als bei Jungen (Mädchen haben schmalere Schultern und ein breiteres Becken, Jungen breitere Schultern und eine ausgeprägte Schultermuskulatur). Daher müssen beispielsweise bei der Basistechnik der „Flieger" (siehe S. 136) die Füße der unteren Person höher am Becken angesetzt werden, wenn die obere Person ein Junge ist, um die Figur richtig ausbalancieren zu können.

Frühes Spezialistentum sollte vermieden werden. Aufgrund der körperlichen Voraussetzungen werden gewisse Positionen innerhalb des Pyramidenbaus und der Partnerakrobatik bevorzugt. Die Großen und Schweren gehen nach unten, die Kleinen und Leichten nach oben. Sicherlich ist dies bei großen Pyramiden sinnvoll. Aber bei Partnerbalancen sollten möglichst Gleichgewichtige zusammenarbeiten, damit die Positionen untereinander getauscht werden können. Dadurch werden wichtige Erfahrungen im Hinblick auf Körpererlebnisse und Vertrauen gesammelt, die in vielerlei Hinsicht sehr wertvoll sind und zu einem besseren Verständnis der Partner untereinander führen können.

Am Ende der Übungsstunden sollte noch Zeit zur Verfügung stehen, damit die einzelnen Gruppen die erarbeiteten Techniken den anderen vorführen können. Zum einen wissen die Gruppen voneinander, an welchen Übungen gearbeitet wurde, zum anderen lernen sie, sich darzustellen. Der Weg zu einer Aufführung vor fremdem Publikum ist dann nicht mehr so weit, da erste Erfahrungen schon gesammelt wurden.

Aufführungen gestalten

Kinder sind sehr schnell für eine Aufführung der erarbeiteten Kunststücke zu begeistern, denn sie zeigen gern, was sie können. Wen reizt es nicht, die spektakulären Figuren und Pyramiden, die riskant sind und Wagemut verlangen, auch einmal einem Publikum zu präsentieren, die Wirkung auf den Zuschauer zu erkunden und Aufmerksamkeit, Bewunderung oder Anerkennung für den geleisteten Einsatz zu bekommen? In Hinblick auf einen Auftritt sind die jungen Akrobaten eher dazu geneigt, eine Technik so lange zu üben, bis sie dieselbe auch wirklich beherrschen. Die ständigen Wiederholungen schaffen eine Übungshäufigkeit und Intensität, die sonst selten im Unterricht erreicht wird.

Aufführungen sind meines Erachtens ein wesentlicher Bestandteil der Akrobatik, bei dem wichtige Erfahrungen gemacht werden können. Allein die prickelnde Atmosphäre vor einem Auftritt, das Lampenfieber, die Spannung und Aufregung zu fühlen, ist ein besonderes Erlebnis. Wird denn alles klappen, sitzen die Techniken wirklich, stehen die Pyramiden tatsächlich stabil, kennt jeder den Ablauf, seine Position?

Aufführungsmöglichkeiten bieten sich viele in Schule und Verein, und eines kann ich ohne Vorbehalt versichern: Akrobatik kommt beim Publikum immer gut an, ist immer etwas Besonderes.

Leider wissen dies die älteren Jugendlichen oft nicht, und es ist viel schwerer, sie für einen Auftritt zu begeistern. Üben ja, aber aufführen? Die Hemmschwelle liegt bei ihnen wesentlich höher, da sie Angst haben, sich vor ihren Altersgenossen zu blamieren und lächerlich zu machen. Dagegen helfen nur gute Ideen für eine Inszenierung oder die Einbindung akrobatischer Elemente in übergeordnete Zusammenhänge, wie die Arbeit mit Schwarzlicht, Schattenspiel, Bewegungstheater, Tanz etc.

Zur Inszenierung einer Aufführung

Im Mittelpunkt einer akrobatischen Darstellung steht der menschliche Körper mit seinen Bewegungsmöglichkeiten. Der Körper ist hier die Form, in der etwas sichtbar gemacht wird. Die Techniken der Akrobatik bilden die handwerkliche Grundlage einer Gestaltung. Es bleibt noch viel Freiraum, um mit Kreativität und Phantasie jeder Aufführung einen individuellen Charakter zu verleihen. Dabei gilt es, den natürlichen Einfallsreichtum der Kinder und Jugendlichen zu nutzen und sie möglichst selbständig (anfangs in kleinen Gruppen) an ihrer Nummerngestaltung arbeiten zu lassen. Es ist immer wieder erstaunlich, was alles dabei herauskommt: da werden neue Menschenbauwerke erfunden, Figuren der Partnerakrobatik im Raum installiert, clowneske Elemente eingefügt und vieles mehr.

Ein wesentliches Kriterium bei der Arbeit an einer Aufführung ist die Gestaltung der Übergänge von einer Figur oder Pyramide zu einer anderen. Es darf nicht genügen, sich nur auf die Bühne zu stellen und eine Figur nach der andern auf- und abzubauen. Denn spätestens nach der zweiten Pyramide kann der laienhafte Zuschauer einen Unterschied zwischen den Bauwerken nicht mehr ausmachen. Spannend wird es dagegen, wenn sich aus der einen Pyramide eine zweite entwickelt, die sich in Einzel- oder

Partnerfiguren auflöst, um sich wiederum neu zu einem anderen Menschenschaubild zusammenzufinden. Zur Gestaltung von Übergängen eignen sich beispielsweise viele Phantasiefiguren. Rollen und Räder machen aus einem Platzwechsel eine kleine Szene.

Kinder wollen gerne alles zeigen, was sie gerade gelernt haben. Doch man sollte gemeinsam eine bestimmte Auswahl von Techniken und Pyramiden treffen und sich nicht der Gefahr aussetzen, alle Techniken, die oft nur in der Grobform beherrscht werden, zeigen zu wollen. Nicht nur dem Publikum bleiben Peinlichkeiten und Mitleiden erspart. Durch die Aufregung und durch den sogenannten „Vorführeffekt" schleichen sich häufig wieder Fehler und Unsicherheiten bei vermeintlich gekonnten Techniken ein, wenn vor den Augen anderer auf Anhieb eine Übung vorgeturnt werden soll. Weniger ist mehr; einfache, gut inszenierte Pyramiden und Partnerfiguren, die dem Zuschauer die Freude an der gekonnten Bewegung vermitteln, sollten das Ziel jeder Darstellung sein.

Ein wichtiger Bestandteil einer Aufführung ist die musikalische Untermalung. Möglichst frühzeitig sollte deren Auswahl getroffen werden, damit sie nicht zum Hintergrundgeplänkel verkommt. Durch den gezielten Einsatz von Musik lassen sich Stimmungen erzeugen oder Übergänge und Bewegungen gestalten. Ob Zirkusmusik, New Age-Klänge oder der neuste Discohit, alles ist möglich; nur müssen die Bewegungen auf die Klänge oder den Rhythmus der Musik abgestimmt werden. Dafür sollte genug Zeit vorhanden sein.

Die Frage der Kostümierung stellt sich ebenfalls bei einer Aufführung. Möglichst rutschfest und bequem sollte sie sein, um den Aktionsradius der jungen Artisten nicht einzuschränken. Um böse Überraschungen zu vermeiden, ist es ratsam, einen Durchlauf der gesamten Nummer mit Kostümen zu machen.

Alle akrobatischen Darbietungen besitzen einen bestimmten individuellen Stil, der durch die kreativen und phantasievollen Bewegungskompositionen und durch das Äußere, d. h. Auswahl der musikalischen Untermalung, Kostümierung und Requisiten, geprägt ist.

Alle Aufführungen sind aufgrund ihrer individuellen Gestaltung Weltpremieren. Keine Nummer gleicht der anderen. Bewegungsformen und Techniken, die im Bewegungsrepertoire der jungen Artisten vorhanden sind, werden unter Berücksichtigung räumlicher, zeitlicher, dynamischer und statischer Veränderungsmöglichkeiten variiert und kombiniert. Der Gestaltung einer Nummer liegen allerdings bestimmte Strukturen zugrunde, auf die ich nun näher eingehen möchte.

Zum Aufbau einer Aufführung

Um die Struktur einer Aufführung herauszufinden, ist es sinnvoll, die Nummer in Einzelteile zu zergliedern.

- Anfang: Eine Szene beginnt schon mit dem Betreten der Bühne. Wie läßt sich dies gestalten? Hereinlaufen, hereingehen, hereinspringen, radschlagend, rollend etc., einzeln, nacheinander, in kleinen Gruppen oder gemeinsam? Aus dem Hereinkommen läßt sich schon eine kleine Szene entwickeln.

- Aufbau: Kinder laufen durcheinander, haben ihren Platz vergessen oder bauen zu hastig auf, so daß der Übergang zur Präsentation einer Figur gar nicht ersichtlich ist. Man sollte daher den Aufbau ebenfalls inszenieren, ihm eine spielerische Form geben.

- Präsentation: Wie läßt sich eine Figur am wirkungsvollsten präsentieren? In welcher Position, aus welchem Blickwinkel wirkt die Pyramide am besten? Aufgrund der Aufregung haben die Kinder die Angewohnheit, ganz hastig zu präsentieren. Der Unterschied zwischen Aufbau und Präsentation sollte für das Publikum klar erkennbar sein, damit die Zuschauer wissen, wann sie klatschen dürfen. Je nach Stil der Aufführung gibt es viele phantasievolle Möglichkeiten der Präsentation: ein gemeinsamer scharfer Blick ins Publikum, der Ausruf Hepp, Hejj oder Hoppla, spezielle Handbewegungen, etc.

- Abbau/Umbau: Es ist ratsam, schnell und zügig ab- bzw. umzubauen oder wiederum daraus eine Szene zu gestalten. Nach dem Abbau ist die Nummer noch nicht abgeschlossen.

- Schluß: Verbeugen (oder auch nicht), selbst das will gelernt sein. Erst wenn die Bühne verlassen wird, ist die Nummer wirklich beendet. Bis dahin ist jede noch so kleine Bewegung ein Teil der Darbietung.

„Der Unterschied zwischen Aufbau und Präsentation sollte für das Publikum klar erkennbar sein, damit die Zuschauer wissen, wann sie klatschen dürfen."

Vor einer Aufführung erweist es sich als sehr sinnvoll, einen genauen Ablaufplan zu erstellen. Jede Position innerhalb einer Pyramide oder Partnerbalance sollte erkennbar sein und mit dem Namen der jeweiligen Person, die diese Position einnimmt, versehen werden. Die jungen Artisten können dann in Ruhe den Gesamtverlauf der Aufführung durchgehen und sich diesen besser einprägen. Sie wissen dann, wo und wann sie in welcher Position stehen und finden während der Aufführung schneller ihre Plätze.

Eine Aufführung unterteilt sich meist in einen gemeinsamen Teil, z.B. den Einzug der Artisten oder ein Abschlußbild, und in verschiedene kleine Nummern, die von einzelnen Paaren oder Kleingruppen ausgearbeitet wurden. Nur selten sind alle Artisten gleichzeitig in Aktion. Daher sollte überlegt werden, was die anderen Akteure, die nicht gerade in Aktion sind, in dieser Zeit machen. Stehen, sitzen oder liegen sie in einer Reihe im Hintergrund, finden sie sich zu einer Gruppe am Bühnenrand zusammen, oder formieren sie sich zu einem Standbild? Es darf keinesfalls außer acht gelassen werden, daß sie sich trotzdem auf der Bühne befinden und dem Zuschauer präsent sind. Dementsprechend müssen sie sich verhalten und dürfen auf keinen Fall in Alltagshandlungen zurückfallen, Privatgespräche führen oder sich auf irgendeine Weise aus der Aufführung ausklinken. Für die Qualität und Wirkung einer Aufführung sind diese kleinen Sachen oft entscheidend. Erst die kreative Bewegungsgestaltung und die Formung derselben zu einem Ganzen machen die Akrobatik tatsächlich zur Bewegungskunst.

Vorbereitende Übungen

Mit den vorbereitenden Übungen lassen sich auf eine einfache und spielerische Weise wichtige Grundfertigkeiten der Akrobatik üben. Alle Bewegungsaufgaben sind Partnerübungen, die behutsam an erste Körperkontakte heranführen. Sie können als Grundlage für eine rücksichtsvolle, konzentrierte Zusammenarbeit angesehen werden und fördern alle die Selbst- und Fremdwahrnehmung Die hier vorgestellten Übungen sind als eine Sammlung gedacht, aus der man sich, je nach Situation und Gruppenkonstellation, einzelne Übungen auswählen und zusammenstellen kann. Viele lassen sich weiterhin für ein akrobatikspezifisches Aufwärmen verwenden.

Übungen zur Selbst- und Fremdwahrnehmung

Die unter diesem Thema zusammengestellten Übungen fördern ein erstes Sicheinlassen auf Situationen des Körperkontakts. Konzentration und Aufmerksamkeit müssen sich sowohl auf die eigene, als auch auf andere Personen richten.

Ich suche mir eine Stütze

Die Kinder oder Jugendlichen laufen zu schneller (Zirkus-)Musik durch die Halle. Wenn die Musik stoppt, suchen sie sich einen Partner und lehnen sich mit einem Körperteil an, z.B. mit dem Rücken oder mit den Schultern.

Bilden von Buchstaben

Zwei oder drei Personen bilden mit ihren Körpern Buchstaben, die dann von dem Rest der Gruppe geraten werden müssen. Man kann auch mit der gesamten Gruppe ein Wort aufbauen.

Bilden eines Standbildes

Eine Gruppe, bestehend aus vier, fünf oder mehr Personen, baut ein Standbild, in dem alle Beteiligten sich in irgendeiner Form gegenseitig abstützen oder aneinanderlehnen.

Auto fahren

Ein Partner ist das Auto, der andere der Fahrer. Der Fahrer steht hinter dem Auto und kann dies folgendermaßen steuern: Zum Geradeausfahren wird das Auto einmal zwischen den Schulterblättern angetippt, Rechtskurve die rechte Schulter, Linkskurve die linke Schulter, zum Rückwärtsgang das Becken und zum Anhalten den Kopf antippen. Der Fahrer soll sein Auto ohne Unfall durch den Raum steuern. Wenn das Team eingespielt ist, kann das Auto die Augen schließen.

Sitzkreis

Alle Teilnehmer stehen seitlich, möglichst eng hintereinander in einem Kreis. Auf Kommando versuchen sie, sich ganz langsam gleichzeitig auf die Oberschenkel der jeweils hinteren Person zu setzen.

Wackelpeter

Alle Teilnehmer setzen sich mit gegrätschten Beinen möglichst eng hintereinander und halten sich an den Hüften der vorderen Person fest. Durch Schaukel- und Hüftbewegungen versuchen sie sich dann gemeinsam fortzubewegen.

Fliegender Fisch

Alle liegen in einer langen Reihe im Reißverschlußsystem Kopf an Kopf, möglichst eng nebeneinander und transportieren eine Person, die auf dem Rücken liegt, bis zum Ende der Schlange. Durch die vielen stützenden Hände kann das Gewicht der oberen Person gut gehalten werden.

Baumstamm rollen

Mindestens sieben Jungen und Mädchen liegen ganz eng nebeneinander auf dem Bauch. Darüber legt sich ungefähr in Hüfthöhe der „Baumstamm". Auf Kommando beginnen nun alle gleichzeitig in eine Richtung zu rollen und transportieren auf diese Weise den fest angespannten „Baumstamm" weiter. Sobald die hinterste Person von dessen Gewicht befreit ist, springt sie schnell auf und schließt sich vorne wieder an usw.

Kletterbaum

Eine Person steht fest auf beiden Füßen und nimmt eine andere Person auf den Rücken in Huckepack. Nun versucht die obere Person um den "Kletterbaum" mit dessen Untersützung herumzuklettern, ohne den Boden zu berühren.

Der Liegestütz zu zweit

Die untere Person geht in den Liegestütz und hat die Beine etwa hüftbreit auseinandergesetzt. Die obere Person stützt sich mit den Armen auf Us Unterschenkel nahe der Fußgelenke und setzt nacheinander die Beine auf deren Rücken.

Partnerübungen zur Körperspannung

Übungen zur Körperspannung sind für die Akrobatik eine unerläßliche Voraussetzung. Bei allen Figuren wird eine gewisse muskuläre Spannung benötigt. Anfangs ist es für Kinder und Jugendliche nicht klar spürbar, welche Muskelgruppen überhaupt dafür benötigt werden. Die hier vorgestellten Übungen tragen einerseits dazu bei, eine Wahrnehmung für die eigene Körperspannung zu entwickeln, andererseits wird ein Gefühl für den Umgang mit dem fremden Körpergewicht gefördert.

Brett anheben

Ein Partner liegt steif wie ein Brett mit angespannter Muskulatur auf dem Rücken. Der andere umfaßt mit den Händen dessen Fußgelenke und hebt ihn hoch. Dabei darf die untere Person nicht mit dem Becken einknicken. Nur noch Kopf und Nacken berühren den Boden. Nun kann am "Brett" gerüttelt und geschüttelt oder ein Fußgelenk losgelassen werden, trotzdem muß der gesamte Körper angespannt bleiben.

Brett seitlich anheben

Ein Partner liegt seitlich, auf einem Unterarm abgestützt. Der andere umfaßt mit den Händen wiederum dessen Fußgelenke und hebt die liegende Person seitlich an.

Brett hochheben

Eine Person liegt mit angespannter Muskulatur auf dem Rücken. Sie wird von vier Trägern an den Fußgelenken und an den Oberarmen gefaßt und auf Kommando gemeinsam hochgehoben.

Brett über Kopf heben

Eine liegende Person, steif wie ein Brett, wird von sechs bis acht Personen auf Kommando gemeinsam in die Höhe gehoben, in Schräglage gebracht und dann auf die Füße gestellt.

Vertrauensübungen

Vertrauensübungen erfordern von allen Beteiligten ein hohes Maß an Konzentration und Zusammenarbeit. Die Partner müssen sich unbedingt aufeinander verlassen können, erst dann werden wichtige Erfahrungen ermöglicht.

Führen und geführt werden

Eine Person schließt die Augen und wird von zwei Partnern rechts und links an die Hand genommen und in verschiedenen Geschwindigkeiten durch den Raum geführt, möglicherweise auch über Hindernisse. Die beiden Führenden sind dabei für ihren „Blinden" verantwortlich. Sie müssen ihn so führen, daß er nirgendwo anstößt oder zu Schaden kommt.

Das Pendel

Eine Person steht steif, angespannt wie ein Brett. Hinter ihr und vor ihr stehen jeweils zwei Fänger. Nun läßt sich das „Pendel" nach vorne fallen und wird von den beiden Fängern sanft aufgefangen und über die Ausgangsposition zu den beiden hinteren Fängern hingeschoben usw. Noch schwieriger wird die Übung, wenn das „Pendel" die Augen schließt.

Der Fallkreis

Eine Person stellt sich „steif wie ein Brett" in die Mitte eines Kreises. Das „steife Brett" läßt sich nun kippen und wird von dem „Kreis" sanft aufgefangen und in eine andere Richtung gedrückt. Auch bei dieser Übung kann das „Brett" nach einer Weile die Augen schließen.

Baumstamm fangen

Von einem hohen Kasten läßt sich eine Person mit erhobenen Armen und angespannt wie ein Baumstamm in die ausgestreckten Arme der Fänger fallen, die in zwei Reihen eng nebeneinander stehen. Die Arme der Fänger werden im Reißverschlußsystem ausgestreckt gehalten. Die gegenüberstehenden Personen dürfen sich nicht an den Händen fassen. Dadurch, daß sich das Körpergewicht auf viele Arme und Hände verteilt, kann die Person problemlos aufgefangen werden.

Variation: Der „Baumstamm" kann sich auch rückwärts fallen lassen.

Partnerübungen zur Balance

Partnerübungen zur Balance veranschaulichen das Prinzip des Gleichgewichthaltens in gegenseitiger Abhängigkeit. Ohne das Gegengewicht des Partners können diese Körperhaltungen nicht eingenommen werden. Viele akrobatische Figuren, z.B. „der Stuhl" mit seinen Variationen, basieren auf diesem Prinzip. Alle hier vorgestellten Übungen können als Variation auch mit geschlossenen Augen durchgeführt werden.

Die V-Balance

Ausgangsstellung: Die Partner stehen sich Fußspitze an Fußspitze gegenüber und fassen sich im Handgelenk-Handgelenk-Griff (siehe S. 66). Beide Personen lehnen sich gleichzeitig mit gerader Körperhaltung vorsichtig zurück, bis die Arme gestreckt sind und halten diese Stellung. Beide ziehen sich gemeinsam in den aufrechten Stand zurück, indem sie ihre Arme beugen.

Variation: Die Partner halten sich nur noch mit einer Hand.

Die V-Balance rücklings

Die Partner stellen sich Rücken an Rücken, fassen sich an den Händen und lehnen sich so weit vor, bis die Arme gestreckt sind.

Die V-Balance gebeugt

Ausgangsstellung wie oben: Sind die Arme gestreckt, wird der Oberkörper nach vorne gebeugt und das Gesäß nach hinten geführt. Die Beine und Arme bleiben gestreckt.

Die Stuhl-Balance

Ausgangsstellung wie oben: Beide Personen halten den Oberkörper möglichst gerade und beugen nur die Kniegelenke bis zum rechten Winkel und weiter.

Variation: Die Partner geben sich nur die rechte oder die linke Hand.

Die Stuhl-Balance rücklings

Die Partner lehnen sich mit ihren Rücken aneinander, die Arme liegen am Körper an. Beide beugen gemeinsam die Kniegelenke bis zum rechten Winkel und weiter.

Die Sternbalance

Alle Teilnehmer stehen in einem Kreis und fassen sich an den Händen. Auf Kommando lehnt sich langsam jeder zweite nach vorne und die anderen zum Ausgleich der Balance nach hinten, bis die Arme gestreckt sind. Auf ein zweites Kommando ziehen sich alle in den aufrechten Stand zurück.

Grundlagen des Pyramidenbaus

Pyramiden sind akrobatische Figuren, die sich aus mehreren Personen zusammensetzen. Sie stehen in sich stabil im Raum und wirken nach außen hin einheitlich und kompakt. Ausgehend vom Grundriß und ihrem Erscheinungsbild, lassen sich verschiedene Grundtypen von Menschenpyramiden unterscheiden:

Die Flächenpyramiden sind mit Abstand die gebräuchlichsten und vielfältigsten. Ihr Grundriß besteht aus einer Linie oder einem leichten Bogen. Vom Erscheinungsbild her wirken sie wand-, fächer- oder dreiecksförmig.

Kreispyramiden haben einen Kreis oder ein Vieleck als Grundriß. Durch ihren säulen- oder kegelförmigen Aufbau sind diese Pyramiden in sich recht stabil. Durch ihre geschlossene Form lassen sie sich allerdings schwer präsentieren.

Kreuzpyramiden weisen ein liegendes Kreuz als Grundriß auf. Vom Erscheinungsbild her wirken sie ähnlich wie Kreispyramiden.

Im Pyramidenbau liegt etwas besonders Reizvolles für Kinder und Jugendliche. Ich habe immer wieder beobachtet, wie mit Begeisterung und Ausdauer die unterschiedlichsten Formen menschlicher Figuren gebaut und erfunden wurden; je höher und breiter, desto besser. Die Faszination besteht meines Erachtens zum einen im konkurrenzlosen Miteinander ohne Wettkampfcharakter und zum anderen darin, daß jeder ein wichtiger Baustein des Gesamtwerkes ist und somit das Gewicht der Verantwortung im wahrsten Sinne des Wortes mittragen muß.

Einen hohen Aufforderungscharakter besitzen Zeichnungen und Bilder von Pyramiden, die allein durch die Schönheit und Geometrie der Anordnung von menschlichen Körpern zum Nachbauen motivieren. Sehen und gleich Ausprobieren-Wollen, diese wertvolle kindliche Eigenschaft sollte genutzt werden. Bevor jedoch munter drauflos gebaut werden kann, müssen einige Grundfertigkeiten geübt und einige wichtige Regeln beachtet werden.

Die Jungen und Mädchen sollten die biomechanischen Grundlagen des Körpers kennen, wie ich sie oben auf den Seiten 24 ff. beschrieben habe. Besonders wichtig ist beim Pyramidenbau die gerade Körperhaltung, insbesondere die gerade Wirbelsäulenhaltung.

Viele Absprachen müssen vor dem Bau einer Pyramide getroffen werden. Erstaunlicherweise gibt es dabei verhältnismäßig wenig Schwierigkeiten, da Kinder daran gewöhnt sind, im Spiel untereinander Verabredungen zu treffen, die in der Regel auch eingehalten werden.

Beim Pyramidenbau müssen als erstes die einzelnen Positionen innerhalb der Pyramide festgelegt werden. Jeder einzelne Teilnehmer sollte eine Vorstellung davon haben, auf welche Art und Weise er in diese Position gelangt und auf welchen Körperstellen der unteren Person er sicher stehen kann. Ferner müssen alle Schritte sowohl des Aufbaus, als auch des Abbaus besprochen werden. Dabei ist es besonders wichtig, daß nicht nur der Aufbau bis ins kleinste hinein besprochen wird, sondern auch der Abbau. Aufsteigen ist manchmal einfacher, als auf die gleiche Art wieder herunterzukommen.

Dann wird eine Person ausgewählt, die die Kommandos zum Auf- und Abbau gibt, damit alle zur gleichen Zeit gemeinsam handeln können.

Bei einer großen Pyramide kann es sehr nützlich sein, die einzelnen Aufbauschritte getrennt zu üben und erst zum Schluß zu einem Ganzen zusammenzusetzen.

Damit die Belastung der unteren Personen nicht zu lange andauert, muß für einen schnellen Aufbau bzw. Abbau gesorgt werden. Aus diesen Gründen darf eine Pyramide nicht länger als drei bis vier Sekunden präsentiert werden.

Bevor eine Pyramide instabil wird, wenn die Kraft nachläßt oder jemand nicht richtig steht, bevor die Belastung einer Person zu groß wird oder wenn Schmerzen auftreten, muß, gleichgültig von wem, das Kommando zum Abbau gegeben werden, damit das ganze Gebilde nicht unkontrolliert zusammenstürzt. Dieser Aspekt ist meines Erachtens von großer Bedeutung, denn Begeisterung oder falsch verstandener Ehrgeiz führen oft dazu, daß trotz Fehlhaltungen oder falsch gestellter Füße um jeden Preis die Pyramide aufgebaut wird. Wenn durch die fehlende Einschätzung der eigenen Kräfte so lange in einer Position ausgeharrt wird, bis diese nicht mehr ausgehalten werden kann und deshalb alles einstürzt, bringt die betreffende Person nicht nur sich selbst, sondern auch andere in Gefahr. Das Kommando „Abbau" zu rufen, ist keinesfalls eine Schande, und alle Beteiligten sollten es unbedingt befolgen.

Niemals sollten die oberen Personen unkontrolliert von den unteren abspringen, weil dadurch kurzzeitig hohe Druckbelastungen auf die Träger einwirken, die es zu vermeiden gilt.

In einer Kurzform zusammengefaßt, gelten folgende Verhaltensregeln für den Bau von Menschenpyramiden:

Regeln zum Pyramidenbau

* Vor dem Bau Absprachen treffen:

  Wer nimmt welche Position ein?
  Auf- und Abbau genau vorausplanen!
  Wer gibt Kommandos?

* Aufbau: Schnell, aber nicht hastig aufbauen!

* Präsentation: Höchstens 3-4 Sekunden präsentieren!

* Abbau: Kontrolliert, niemals unkontrolliert von einer Pyramide abspringen!

  Bei Schmerzen, falschen Stellungen, nachlassenden Kräften, Instabiliät etc. sofort Kommando "ab!" (= Abbau) rufen.

* Ständig auf eine gerade, aufrechte Körperhaltung achten.

Die hier vorgestellten Pyramiden sind nur ausgewählte Beispiele für die unbegrenzten Möglichkeiten, menschliche Bauwerke zu schaffen. Sie sollen als Anregung dienen, selbst aktiv zu werden und eigene Konstruktionen zu erfinden. Wenn Kinder und Jugendliche in kleinen Gruppen selbständig an Pyramiden arbeiten dürfen, ist es erstaunlich, auf welche Ideen sie kommen, wie durch ihre Kreativität und Phantasie oft mit einfachen Mitteln neue Körperbauwerke entstehen.

Begriffserläuterungen

Um ständige Wiederholungen zu vermeiden und um Abläufe des Auf- und Abbaus exakt beschreiben zu können, werde ich folgende Buchstaben zur Definition von Personen und deren Position innerhalb der akrobatischen Figuren verwenden:

U = Unterperson, die bei einer Figur die untere Position einnimmt.
O = Oberperson, die bei einer Figur die obere Position einnimmt.
A, B, C, D usw. sind Personen, die bestimmte Positionen innerhalb von Pyramiden einnehmen.

Griffe

Der Unterarmgriff

Die untere Person legt ihre Hände unter die Ellenbogen der oberen Person.
Die obere Person greift an die Unterarme der unteren.

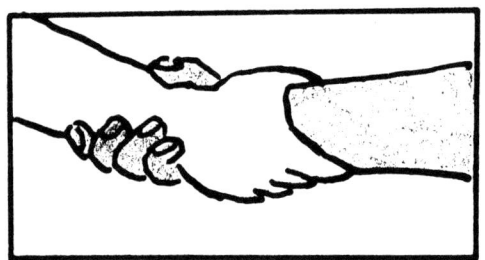

Der Handgelenk-Handgelenk-Griff

Beide Personen umfassen gegenseitig die Handgelenke.

Grundelemente des Pyramidenbaus

Stand auf dem Becken

Das Stehen auf dem Becken eines Partners ist das grundlegende Element des Pyramidenbaus. Aus der sicheren Position der Bankstellung heraus kann mühelos das Auf- und Absteigen sowie das Balancieren auf dem Becken der unteren Person geübt werden. Dabei sollten möglichst Personen mit der gleichen Größe und/oder mit gleichem Gewicht zusammenarbeiten, damit die Positionen problemlos untereinander gewechselt werden können. Die untere Person muß die richtige Haltung in der Bankstellung einnehmen, wie ich sie auf Seite 24 beschrieben habe.

Aufgang

O stützt sich mit beiden Händen zur Sicherung des Gleichgewichts beim Aufstieg auf die Schulterblätter von U, stellt erst einen Fuß auf Us Becken (1), gibt vorsichtig und langsam Druck darauf und steigt dann mit dem zweiten Fuß auf (2). Die Hände werden vorsichtig gelöst, und O richtet sich langsam mit geradem Oberkörper auf (3).

1 2 3

Abgang

Die jungen Akrobaten sollten von Anfang an lernen, niemals aus einer oberen Position unkontrolliert abzuspringen, sondern vorsichtig abzusteigen. Deshalb erfolgt der Abgang in umgekehrter Reihenfolge wie der Aufstieg.

Hinweis

Es ist vor allem darauf zu achten, daß O nicht zu weit vorne steht, also nicht schon auf der Lendenwirbelsäule, wie dies Abb. 7 zeigt, sondern direkt auf dem Becken der unteren Person.

Abb. 7: Es darf niemals zu weit vorne im Kreuz gestanden werden!

Variationen des Standes auf dem Becken

Diese überwiegend einfachen Variationen fördern die Standsicherheit und die Vertrautheit untereinander. Bei den Figuren 3 und 4 sollte eine Hilfestellung an der Seite stehen, um ein unkontrolliertes Auf- und Absteigen zu vermeiden.

1

2

3

4

5

6

Aus der Aneinanderreihung der Figuren ensteht die erste Pyramide. An ihr kann hervorragend der gemeinsame Aufbau, die Präsentation und der Abbau nach Kommando geübt werden.

Wenn die Regeln des Pyramidenbaus und die biomechanischen Grundlagen vorher besprochen wurden, besitzen die jungen Akrobaten nun ausreichende Kenntnisse, um die Pyramiden auszuprobieren, die ich auf den folgenden Seiten vorstellen werde. Der Übersicht halber habe ich sie nach der Anzahl der teilnehmenden Personen geordnet. Der Schwierigkeitsgrad der Pyramiden ist jeweils in der Aufeinanderfolge leicht ansteigend.

Pyramiden für vier Personen

DIE TREPPENPYRAMIDE

Aufbau

A legt sich mit aufgestützten Unterarmen und leicht gegrätschten Beinen auf den Boden.

B geht in die Bankstellung, so daß sich Bs Kopf auf der Höhe von As Waden befindet.

C stellt sich hinter B, stützt die Arme auf Bs Hüfte und streckt ein Bein nach hinten.

D hockt hinter C, ergreift Bs gestrecktes Bein am Fußgelenk und legt es auf die Schulter. Auf Kommando von D streckt C das andere Bein aus. D legt dieses Bein auf die andere Schulter und richtet sich langsam, genau senkrecht, auf. Währenddessen stützt sich A auf die Unterarme und legt die gestreckten Beine nacheinander auf Bs Schultern.

D   C   B   A

Abbau

Der Abbau erfolgt in der umgekehrten Reihenfolge wie der Aufbau, kann aber auch auf phantasievolle Weise leicht umgestaltet werden.

Hinweis

Bei dieser Pyramide ist es wichtig, daß Cs Arme genau senkrecht auf Bs Hüfte stützen und sich auf einer Linie mit Bs Oberschenkeln befinden. Daher muß D sorgfältig auf den richtigen Abstand zu B achten. Dann ist Cs Position leicht zu halten.

TREPPENPYRAMIDE MIT HANDSTAND

Aufbau

A stellt sich in den Krebsstand.
 B stützt sich mit den Armen auf As Oberschenkel nahe der Kniegelenke und streckt ein Bein nach hinten aus.
 C hockt hinter B, ergreift zuerst das gestreckte Bein und stützt dieses, damit B das zweite Bein reichen kann. Sobald C beide Beine ergriffen hat, richtet sie sich auf, dreht sich herum und legt Bs Beine auf ihre Schultern.
 D macht einen Handstand vor U und wird von ihr an den Fußgelenken gehalten.

Abbau

Der Abbau erfolgt in umgekehrter Reihenfolge wie der Aufbau.

Das gotische Tor

Aufbau

Die beiden Träger knien sich hin. Die beiden oberen Personen stellen sich auf deren Oberschenkel, werden an den Knien von den unteren gehalten und lehnen sich so weit nach vorne, daß sie sich an den Händen fassen können. Fertig ist das Tor!

BANKPYRAMIDE

Aufbau

A und B rücken in der Bankstellung eng zusammen.

C faßt von hinten mit den Händen auf As und Bs äußere Schultern und kniet sich vorsichtig auf deren Becken.

D steigt mit einem Fuß auf As oder Bs Becken, faßt mit den Händen zur Sicherung des Gleichgewichts auf Cs Schultern, steigt mit dem anderen Fuß auf Cs Becken und zieht den ersten nach. Aus dieser gehockten Position richtet sich D langsam und vorsichtig auf.

Abbau

Der Abbau erfolgt in der umgekehrten Reihenfolge wie der Aufbau. D muß dabei beachten, beim Abstieg nicht auf die Unterschenkel oder Füße der beiden unteren Personen zu steigen.

Hinweis

C sollte nicht ihre spitzen Knie in As und Bs Becken bohren, sondern mit einer möglichst langen Fläche der Unterschenkel auf deren Becken knien, damit sich ihr Gewicht besser verteilt (1). Auf diese Weise können A und B das Gewicht der beiden oberen Personen leicht und schmerzlos tragen.

1

DIE FACHWERKPYRAMIDE

Aufbau

A nimmt die Bankstellung ein.

Mit gerader Oberkörperhaltung beugt sich B nach vorne und stützt sich auf die Schultern von A, so daß sich ihre Arme genau senkrecht auf einer Linie mit denen von A befinden.

C steigt auf das Becken von A, beugt sich ebenfalls mit gerader Oberkörperhaltung nach vorne und stützt sich mit den Armen auf den Schultern von B ab.

D hält sich mit den Händen an Cs Schulter und Rücken fest und steigt seitlich mit einem Bein über Bs Hand, die auf den Schultern von A liegt, auf und setzt das andere Bein auf Bs Becken (1). Dann zieht sie das erste Bein nach, stützt sich mit der zweiten Hand ebenfalls auf Cs Schultern und streckt ein Bein nach hinten zur Endposition.

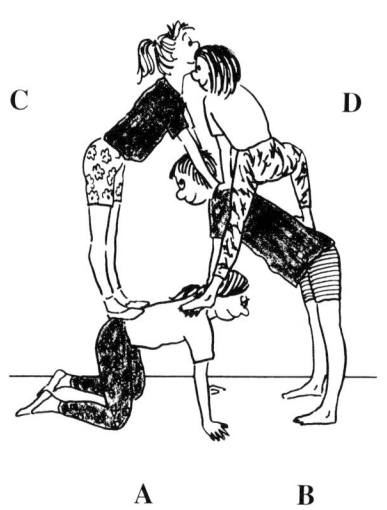

Abbau

D und C können aus ihren Positionen nacheinander vorsichtig nach hinten abspringen. B hilft A beim Aufstehen.

Hinweis

Die eindrucksvollste Wirkung der Pyramide entsteht dann, wenn sich die Arme aller Beteiligten senkrecht auf einer Linie befinden.

DAS DENKMAL

Zum Aufbau

A und B gehen in die jeweilige Bankstellung.

C stützt sich mit den Armen auf As Becken und kniet sich auf das Becken von B.

D steigt mit einem Fuß über Cs Hand auf das Becken von A und mit dem anderen Fuß weiter auf Cs Becken. Sie stützt sich dabei mit den Händen auf Cs Schultern, zieht das zweite Bein nach und richtet sich vorsichtig auf.

Abbau

D verlagert vorsichtig ihr Gewicht nach vorne und springt ab, ohne sich von den unteren Personen abzudrücken.

Pyramiden für fünf Personen

DIE SITZPYRAMIDE

Aufbau

A und B sitzen mit gerader Oberkörperhaltung und stützen sich nach hinten auf ihre gestreckten Arme.

D und C setzen sich mit gerader Haltung und geschlossenen, rechtwinklig gebeugten Beinen auf die Knie von A und B.

E stützt sich mit den Armen auf den Köpfen von D und C ab und steigt auf deren Oberschenkel, knapp neben den Knien. Dann streckt sie sich langsam in die Endposition hoch.

Auf Kommando heben D, C und E ihre Arme zur Präsentation der Pyramide.

DAS STANDBILD

Aufbau

A und B rücken in der Bankstellung einander gegenüber so eng zusammen, daß sich ihre Köpfe fast berühren.

C und D stehen seitlich neben A und B und reichen E ihre Hände. Mit Cs und Ds Unterstützung an den Armen steigt E auf die Schultern von A und B.

Erst dann steigen C und D auf das Becken von A und B.

Auf Kommando heben C, D und E langsam die Arme, bis sich die Fingerspitzen ihrer Hände berühren.

Abbau

E steigt vorsichtig nach hinten ab. D und C steigen seitlich nach hinten ab.

DER DACHREITER

Aufbau

A und B gehen in die Bankstellung, die Köpfe zeigen zueinander.

C und D stellen sich zwischen A und B, so daß der Abstand ihrer Becken ca. 20 cm beträgt und stützen sich mit den gestreckten Armen auf die Schultern von A und B. Die Arme von A und C sowie die von B und D sollten sich auf einer senkrechten Linie befinden.

E stützt sich mit den Händen auf den Rücken von C und D ab und springt mit beiden Beinen gleichzeitig auf deren Becken.

Hinweis

Reicht anfangs die Sprungkraft von E nicht aus, so kann er erst beide Unterschenkel aufsetzen und sich dann aufrichten. Oder ein Helfer begibt sich hinter der Pyramide in die Bankstellung, E steigt zuerst auf dessen Becken und dann in die Endposition über (1).

1   A   C   D   B

Abbau

E verlagert langsam und vorsichtig ihr Körpergewicht nach vorne und kann dann, ohne sich von den Unteren abzudrücken, nach vorne abspringen. C und D richten sich auf und ziehen A und B mit hoch.

BANKPYRAMIDE MIT HANDSTAND

Aufbau

A und B befinden sich nebeneinander in der Bankstellung.
   C steigt auf deren Becken.
   D und E schwingen sich zeitlich versetzt in den Handstand, damit C zuerst die Aufmerksamkeit auf D richten und im richtigen Moment mit der Hand deren Fußgelenk ergreifen kann. Erst dann sollte E in den Handstand gehen.

Hinweis

Am Anfang sollte der Aufgang in den Handstand von Helfern gesichert werden, damit D und E nicht rücklings auf die Pyramide überkippen. Wenn sie von C sicher am Fußgelenk gehalten werden, ist das Stehen im Handstand kein Problem.

Abbau

Der Abbau erfolgt in umgekehrter Reihenfolge wie der Aufbau.

DREIER-GALIONSFIGUR MIT BEIWERK

Aufbau

A und B stehen mit gegrätschten Beinen etwa eine Fußbreite auseinander und beugen das jeweils innere Bein.

D und E befinden sich in der Bankstellung, so daß sich die Fußspitzen von D und A sowie von B und E berühren.

C faßt auf die Schultern von A und B und steigt auf deren Oberschenkel, möglichst nahe der Hüftbeuge.

C wird seitlich am Brustkorb mit den Händen von A und B gehalten. D und E heben die Köpfe und strecken die vom – Betrachter aus gesehen – hinteren Beine so weit nach oben, bis A und B mit ihren Händen die Füße ergreifen können.

DIE GALIONSPYRAMIDE

Aufbau

A, B und C stehen in gehockter Stellung mit gerade aufgerichteten Oberkörpern etwa eine Fußbreite auseinander in einer Reihe.

D und E steigen von hinten auf. Sie fassen mit den Händen auf die Schultern der Unteren und setzen ihren jeweils äußeren Fuß auf den Oberschenkel von A bzw. C, möglichst weit oben, nahe der Hüftbeuge. Auf Kommando steigen sie gemeinsam mit einem Bein auf, indem sie sich mit den Händen auf den Schultern der unteren Personen abstützen, stellen jeweils das andere Bein auf den Oberschenkel von B und richten sich gemeinsam auf.

A, B und C umfassen von innen mit den Händen die Oberschenkel von D und E oberhalb der Kniegelenke.

D und E lehnen sich als Gegengewicht leicht nach vorne.

Abbau

Auf Kommando lösen die unteren Personen gemeinsam den Oberschenkelgriff, so daß die oberen, ohne sich abzudrücken, nach vorne abspringen können.

Pyramiden für sechs Personen

DIE BANKPYRAMIDE

Aufbau

Die Personen der unteren Reihe, A, B und C, befinden sich nebeneinander, Schulter an Schulter in der Bankstellung.

D und E steigen von hinten auf, fassen mit den Händen an die Schultern der Unteren und knien sich vorsichtig mit ihren Unterschenkeln auf deren Becken.

F faßt mit den Händen auf die Schultern von D und E und steigt vorsichtig mit einem Fuß über das Becken von B in die Endposition auf.

Abbau

Der Abbau erfolgt in umgekehrter Reihenfolge wie der Aufbau. Insbesondere F hat darauf zu achten, nicht auf die Unterschenkel der Personen in der unteren Reihe zu steigen.

DIE LIEGESTÜTZPYRAMIDE

Aufbau

A und B knien in der Bankstellung, etwa zwei Handbreiten auseinander, damit die Köpfe von C und D nicht aneinanderstoßen.

C und D stützen sich mit gestreckten Armen auf das Becken und auf die Schultern der beiden Unteren und strecken ein Bein nach hinten aus.

E und F hocken hinter C und D, ergreifen nacheinander die ausgestreckten Beine von C und D an den Unterschenkeln, richten sich auf Kommando auf und heben die gestreckten Körper von C und D in die Endposition.

Hinweis

E und F dürfen weder zu weit weg, noch zu dicht stehen, damit C und D ihre Arme möglichst senkrecht gestreckt halten können. Für C und D erfordert es sonst einen größeren Kraftaufwand, ihre Positionen zu halten.

Abbau

Der Abbau erfolgt in umgekehrter Reihenfolge wie der Aufbau.

Das Doppeltor

Aufbau

A und B knien sich mit aufrechter Körperhaltung hin. Die Knie sind etwa hüftbreit auseinandergestellt. Der Abstand zwischen beiden beträgt genau eine Armlänge. Sie fassen sich an den Oberarmen und können so gegenseitig ihre Haltung stabilisieren.

C und D stützen sich mit gestreckten Armen auf die Schultern der beiden Knienden und strecken die Beine nach hinten.

E und F hocken hinter C und D, ergreifen nacheinander die gestreckten Beine und legen sie sich auf die Schultern. Auf Kommando richten sich E und F auf und sichern währenddessen mit ihren Händen Cs und Ds Beine. Erst in der Endposition lösen E und F ihre Hände und legen sie seitlich am Körper an.

Abbau

Der Abbau erfolgt in umgekehrter Reihenfolge wie der Aufbau.

Das Portal

Aufbau

A und B stehen sich gegenüber und halten sich mit gestreckten Armen jeweils mit den Händen an den Oberarmen fest.

C und D knien sich hinter A und B, stellen jeweils ein Bein im rechten Winkel zum Boden auf und halten sich mit gestreckten Armen an den Hüften von A und B fest.

E und F halten sich an den Schultern von A und B fest, steigen von der Seite mit einem Bein auf die Oberschenkel der aufgestellten Beine von C und D, möglichst nahe der Hüftbeuge. Dann steigen sie mit dem zweiten Bein direkt auf Cs und Ds Schultern (1) und ziehen das erste Bein nach. Auf Kommando werden die dem Betrachter zugewandten Beine nach hinten gestreckt.

Hinweis

C und D müssen unbedingt mit aufrechter Körperhaltung knien und sich beim Aufstieg von E und F gut an den Hüften von A und B abstützen. E und F sollten sich, bevor sie ihre Beine nach hinten strecken, weit nach vorne beugen, um möglichst viel von ihrem Körpergewicht auf die Schultern von A und B zu übertragen. Dadurch werden C und D entlastet.

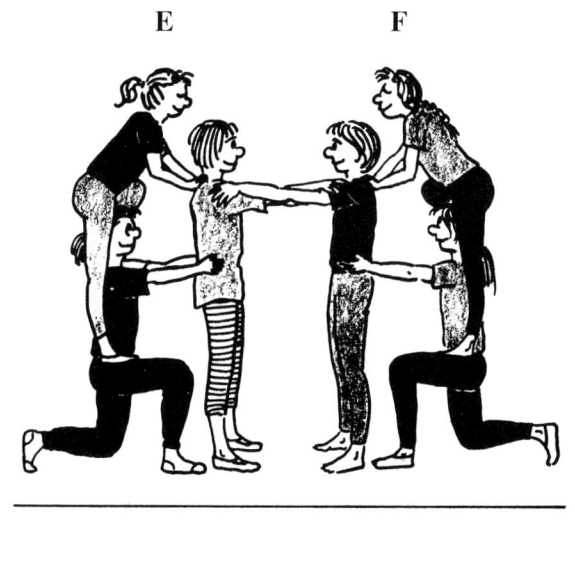

1

C A B D

Abbau

Der Abbau erfolgt in umgekehrter Reihenfolge wie der Aufbau.

RUNDE GALIONSPYRAMIDE

Aufbau

Die unteren drei Personen stehen in leicht gehockter Haltung im Kreis, beugen sich etwas mit ihrem Oberkörper nach innen und legen ihre Hände um die Schultern der beiden anderen.

Die oberen Personen stellen jeweils den rechten Fuß auf die Oberschenkel der unteren, möglichst nahe der Hüftbeuge, und halten sich mit den Händen an deren Schultern fest. Auf Kommando steigen sie gleichzeitig auf, greifen die Handgelenke ihrer Nachbarn (Handgelenk-Handgelenk-Griff, siehe S. 66) und lehnen sich langsam nach außen, bis ihre Arme gestreckt sind.

Abbau

Die Obenstehenden ziehen sich durch Armbeugen zurück in die Senkrechte und können dann gemeinsam nach hinten absteigen.

Pyramiden für sieben Personen

Die Banksteherpyramide

Aufbau

A, B, C und D gehen jeweils in die Bankstellung.

E und F stützen sich seitlich von hinten auf die Schultern und Becken von A und B. Dann setzen sie vorsichtig ihre Unterschenkel auf Cs und Ds Rücken.

G hält sich mit den Händen an den Schultern von E und F fest, steigt zuerst auf As und Bs Becken, dann vorsichtig weiter auf Es und Fs Schultern und richtet sich langsam auf.

Hinweis

E und F müssen ihre Arme und Oberschenkel genau senkrecht halten und den Kopf leicht in den Nacken nehmen, dann können sie G sicher halten. Am Anfang sollten Helfer hinter der Pyramide Gs Aufstieg sichern.

Abbau

Der Abbau verläuft in umgekehrter Reihenfolge wie der Aufbau oder aber G verlagert ihr Gewicht nach vorne und springt, ohne sich von E oder F abzudrücken, nach vorne zu Boden.

DIE FÄCHERPYRAMIDE

Bevor diese Pyramide mit sieben Personen ausprobiert wird, sollte als Vorübung das Herauslehnen der Personen B und C geübt werden, wie dies folgende Abbildung zeigt.

A, B und C stehen eng beieinander. Sie fassen sich mit den Händen an den Unterarmen, nahe dem Ellenbogen. Nun führt A die beiden Außenstehenden gleichzeitig langsam zur Seite heraus, bis die Arme gestreckt sind. Dann gleiten die Hände an den Unterarmen entlang, bis sie jeweils die Handgelenke umfassen. Danach zieht A durch Anwinkeln der Arme B und C wieder in die Ausgangsposition zurück.

B   **A**   **C**

Aufbau der Fächerpyramide

A und B knien, mit ihrem Gesäß eng zusammengerückt, in der Bankstellung. Statt auf die Hände, stützen sie sich auf ihre Unterarme.

C stellt sich in einen sicheren Stand auf As und Bs Becken.

D und E stehen möglichst dicht neben A und B.

F und G liegen seitlich mit den Händen aufgestützt neben D und E auf dem Boden.

C, D und E fassen sich an den Unterarmen. D und E werden von C seitlich herausgelehnt, bis die Arme gestreckt sind und sich sowohl F und D als auch E und G ebenfalls um die Handgelenke fassen können.

C

F   D   A   B   E   G

Abbau

Der Abbau erfolgt in der umgekehrten Reihenfolge wie der Aufbau. Oder aber C, D, E, F und G lassen sich gemeinsam nach vorne fallen, lösen die Hände und machen eine Rolle vorwärts.

Dachreiter mit Doppelbank

Diese Pyramide ist ein Beispiel dafür, wie die Anzahl der beteiligten Personen innerhalb eines Bauwerks variiert werden kann. Durch die Doppelbank sind zwei Personen mehr in diese Figur integriert (Beschreibung des Aufbaus siehe S.82).

DIE DOPPELFACHWERK-PYRAMIDE

Aufbau

A und B befinden sich in der Bankstellung, im Abstand der Unterschenkel voneinander entfernt.

C und D beugen sich mit geradem Oberkörper nach vorne und stützen sich mit den Händen auf die Schultern von A und B.

E und F halten sich mit den Händen an Cs und Ds Schultern fest und steigen von der dem Betrachter abgewandten Seite auf deren Becken.

G wird von einem Helfer auf dessen Schultern herangetragen, hält sich an Es und Fs Rücken fest und steigt vorsichtig in die Endposition über (1).

Hinweis

Anfangs sollten Helfer vor und hinter der Pyramide Gs Aufstieg sichern.

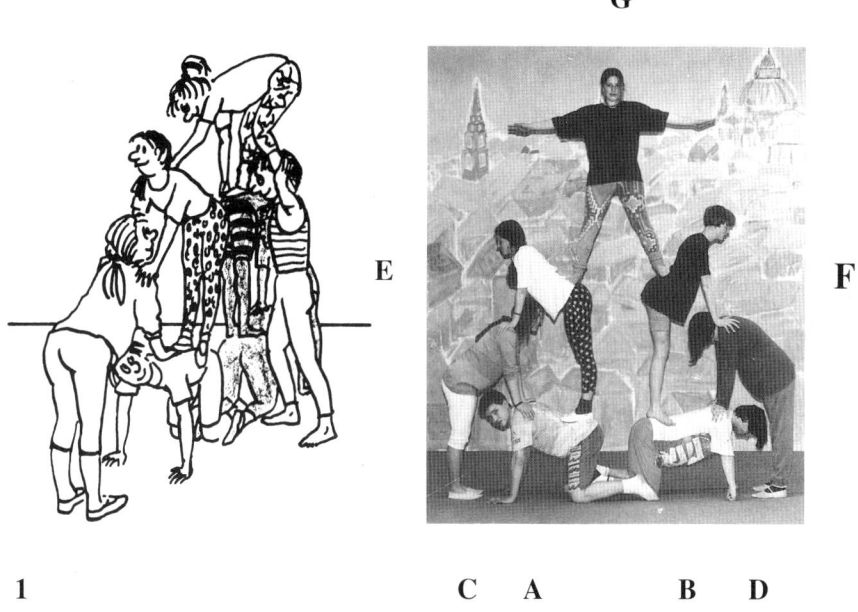

1   C   A   B   D

Abbau

G verlagert sein Gewicht nach vorne und springt ab, ohne sich von E und F abzudrücken. Der restliche Abbau erfolgt in umgekehrter Reihenfolge wie der Aufbau.

Pyramiden für acht und mehr Personen

Die Pagodenpyramide

Aufbau

Die erste Etage besteht aus zwei Personen, die sich gegenüber in der Bankstellung befinden, und aus zwei weiteren, die sich seitlich mit geradem Oberkörper und gestreckten Armen auf die Schultern der unteren aufstützen (1). Alle weiteren Personen steigen über die Hände der unteren auf und stellen sich auf deren Becken (2 und 3).

Die oberste Person steigt ebenfalls über die Hände der unteren auf, stellt sich aber dann auf die Nacken der beiden Personen in der mittleren Etage.

Hinweis

Anfangs sollten die oberen Personen von Helfern nach allen Seiten gesichert werden.

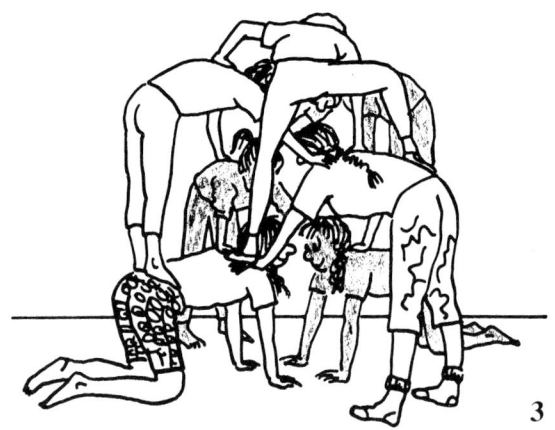

3

Abbau

Der Abbau erfolgt ebenfalls über die Hände der unteren Personen in umgekehrter Reihenfolge wie der Aufbau.

DIE LÖWENPYRAMIDE

Aufbau

Die untere Etage der Pyramide besteht aus fünf Personen, die sich nebeneinander in der Bankstellung befinden. Sie halten so viel Abstand voneinander, daß zwischen ihnen vier Personen der zweiten Etage stehen können. Diese stützen sich, mit geradem Oberkörper nach vorne gebeugt, mit ihren Armen auf die Schultern der unteren.
Die drei Personen der dritten Etage stellen sich auf die Becken der unteren und stützen sich mit den Händen auf den Schultern der Stehenden ab.
Die zwei Personen der vierten Etage steigen über die Becken der Knienden auf die Becken der Stehenden (1).
Die oberste Person sollte auf den Schultern eines Helfers herangetragen werden und vorsichtig auf das Becken der mittleren Person in der dritten Etage zur Endposition übersteigen.

1

Abbau

Die obere Person steigt über die Becken der unteren ab. Sie tritt dabei auf die Füße der auf den Becken stehenden Personen. Der restliche Abbau erfolgt in umgekehrter Reihenfolge wie der Aufbau.

DER WACHTTURM

Aufbau

H steigt auf die Schultern von A (genaue Beschreibung des Aufstiegs siehe S. 149ff).

D und E befinden sich in der Bankstellung.

F und G steigen auf die Schultern von C und B (genaue Darstellung siehe S. 90), ergreifen die Hände von H und sichern H mit den anderen beiden Händen an den Oberschenkeln.

Erst dann löst A die Hände von Hs Waden und sichert F und G an den Oberschenkeln.

D und E richten sich auf und führen ihre Hände an die Unterschenkel von F und G.

Hinweis

Die Wirkung der Pyramide wird durch die Armhaltung verstärkt. Deshalb ist es wichtig, daß C und B, F und G sowie D und E ungefähr gleich groß sind. Anfangs sollte H von Helfern vor und hinter der Pyramide gesichert werden.

Abbau

H wird von A nach vorne hin abgetragen (siehe S. 148). D und E helfen F und G beim Abstieg von Cs und Bs Schultern.

Abschließende Bemerkungen zum Pyramidenbau

An beinahe jeder Pyramide kann problemlos an den Seiten oder nach oben hin angebaut werden. Viele Figuren lassen sich auch untereinander durch ein oder zwei Personen verbinden. Auf diese Weise können Pyramiden je nach Anzahl der Teilnehmer kurzfristig umstrukturiert werden. Bei anderen Pyramiden läßt sich die Wirkung dadurch vergrößern, daß eine zweite dazu spiegelbildlich aufgebaut wird, z.B. bei der Treppenpyramide, Fachwerkpyramide etc. Der Gesamteindruck einer Pyramide kann durch eine spezielle Armhaltung aller Beteiligten während der Präsentation zusätzlich verstärkt werden.

Die folgenden Abbildungen zeigen verschiedene Anbaumöglichkeiten bei Pyramiden.

Phantasiefiguren

Unter Phantasiefiguren verstehe ich einfache akrobatische Elemente, die Assoziationen aus der Tier- und Sachwelt hervorrufen. Sie lassen sich hervorragend für das Bewegungstheater oder zur Gestaltung von Auf-, Ab- und Übergängen bei einem Auftritt nutzen. Es macht großen Spaß, diese Techniken zu üben, denn sie tragen viel zu einer lockeren Arbeitsatmosphäre bei.

DER SCHWIMMER

Zum Verlauf

Eine Person sitzt auf dem Boden, winkelt die Beine an und stützt sich mit den Händen nach hinten ab.

Die zweite Person legt sich vorwärts mit dem Becken auf die Oberschenkel der unteren Person und verschränkt die Beine hinter deren Rücken.

Die Figur kann sich vorwärtsbewegen, indem die untere Person die Füße ein Stück nach vorne setzt und das Becken durch Krafteinsatz der Arme vorschiebt, usw.

Die obere Person führt im Einklang dazu mit den Armen Brustschwimmbewegungen aus: Der „Schwimmer" ist perfekt.

DAS KAMEL

Zum Verlauf

Die beiden Trägerinnen stehen hintereinander. Die obere Person steht dazwischen, stützt sich mit den Armen auf die Schultern der vorderen Person und hebt ein Bein an. Die hintere Trägerin geht in die Hocke und ergreift das Bein. Auf Kommando springt die obere Person ab, die hintere Trägerin ergreift das andere Bein und hebt die obere Person in die Endposition. Nun kann sich das „Kamel" in Bewegung setzen.

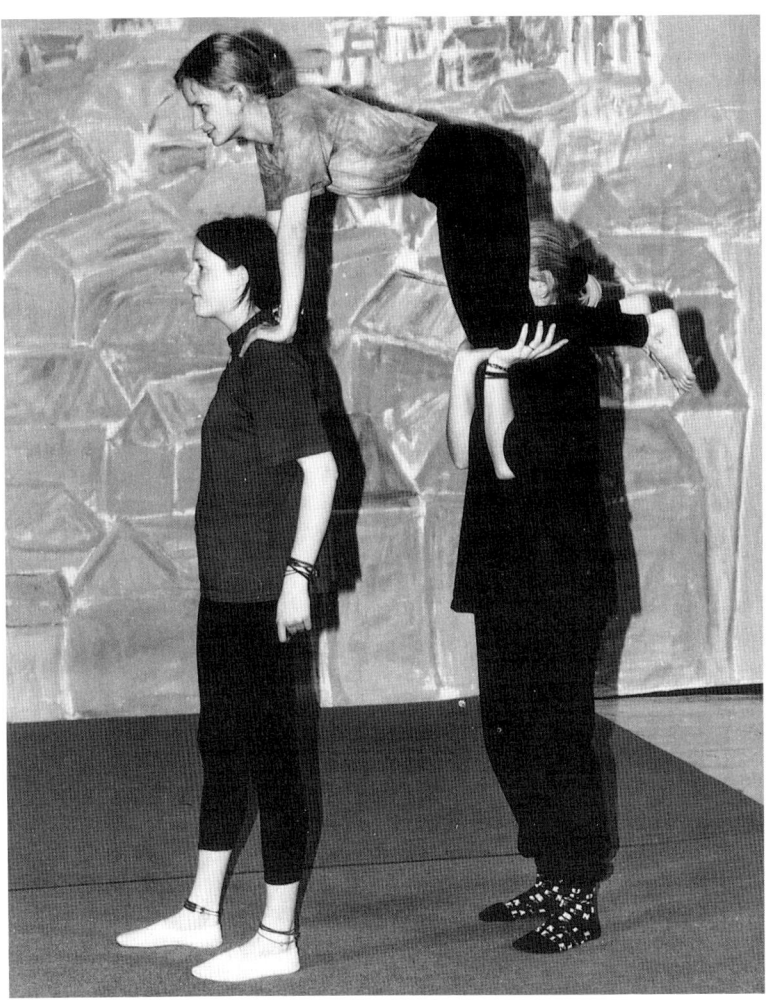

DER HANDSTANDLÄUFER

Zum Verlauf

A steht mit hüftbreit gegrätschten Beinen. B macht einen Handstand auf As Füßen und wird von ihr mit den Armen an den Oberschenkeln umfaßt. B beugt seine Unterschenkel über As Schultern. Nun kann sich der Handstandläufer in Bewegung setzen.

DER LINDWURM

Zum Verlauf

Die Partner sitzen dicht hintereinander mit angewinkelten Knien und strecken die Arme seitlich aus. Mit den Knien werden die Oberkörper der jeweils vorderen Person umklammert. Auf Kommando beugen sich alle gleichzeitig nach rechts zum Schwungholen (1) und drehen sich dann über die linke Seite in den Stütz auf den Händen (2 und 3).

Nur die hintere Person steht auf ihren Füßen. Im gleichmäßigen Takt kann der „Lindwurm" nun vorwärtslaufen.

1   2   3

DIE AMEISE

Zum Verlauf

O springt U um die Hüften und verhakt ihre Füße hinter Us Rücken. U stützt O an den Hüften (1).

O beugt sich rücklings hinunter auf den Boden und läuft mit den Händen zwischen Us Beinen durch (2).

Dann umfaßt sie Us Fußgelenke und streckt die Arme. U beugt sich nach vorne und geht in den Vierfüßlerstand. Nun kann die „Ameise" loslaufen.

Hinweis

O sollte kleiner als U sein, damit sie leichter zwischen seinen Beinen durchlaufen kann.

1 **2**

DIE WAAGE

Zum Verlauf

U befindet sich in der Bankstellung rückwärts. O setzt sich auf die Oberschenkel, möglichst nahe an Us Knie (1), hakt die Füße unter Us Achseln ein und beugt sich zurück in die Waagrechte. U schiebt die Knie nach vorne, bis sie die Hände vom Boden lösen kann.

Hinweis

Die obere Person sollte etwas schwerer sein als die untere, dann fällt es U leichter, die Balance zu finden.

1

DER AFFE

Zum Verlauf

U legt sich auf den Rücken und streckt Arme und Beine nach oben. O stellt sich, Us Füßen zugewandt, in gebückter Haltung über U. U verhakt seine Füße hinter Os Rücken und hält sich mit den Händen an Os Becken fest (1).

O richtet sich auf und muß dabei das Becken herausstrecken, damit U sich weiterhin daran festhalten kann.

Bei dieser Figur können die beiden Partner die Rollen tauschen, indem sie sich seitlich um 180 Grad herumrollen, wodurch der Untere nach oben kommt.

1

DER SIAMESISCHE AFFE

Zum Verlauf

O schwingt in den Handstand und grätscht leicht ihre Beine. U ergreift Os Fußgelenke und stellt sich rücklings vor O (1).

U beugt sich nach vorne und gibt gleichzeitig Druck auf Os Beine, damit O den Oberkörper aufrichten kann (2).

U beginnt rückwärts zu laufen. O führt dazu die passenden Armbewegungen aus.

1   2

DIE HÄNGEBRÜCKE

Zum Verlauf

Eine beliebige Anzahl von Teilnehmern steht hintereinander in einer Reihe. Jede zweite Person wird von der jeweils dahinterstehenden mit den Armen unter den Achseln gehalten, so daß sie ihre Beine in Höhe der Kniekehlen über die Schultern der vor ihr stehenden Person legen kann. Dann hängen die Träger ihr Brückenteil mit den Achseln auf die Füße der über ihren Schultern liegenden Beine ein. Nun kann sich die „Hängebrücke" in Bewegung setzen.

Dynamische Elemente

Die dynamischen Elemente bilden einen eigenen Bereich innerhalb der Akrobatik. Dazu gehören Räder, Salti und Überschläge, die in diesem Rahmen allerdings nicht behandelt werden sollen, da ausreichend Material dazu aus dem Bodenturnen zur Verfügung steht.

Die hier aufgeführten einfachen Partnerübungen beschäftigen sich schwerpunktmäßig mit verschiedenen Variationen des Rollens. Sie können ein eigener Bestandteil innerhalb einer Aufführung sein oder zur Gestaltung von Übergängen genutzt werden.

DER KREISEL

Eine Person sitzt aufrecht mit angewinkelten und möglichst weit gespreizten Beinen auf dem Boden. Die Fußsohlen liegen aneinander. Die Arme sind gestreckt, die Hände umfassen die Fußspitzen (1). Aus dieser Position holt „der Kreisel" Schwung, läßt sich zur Seite kippen und rollt über den Rücken in einem Halbkreis wieder in die Ausgangshaltung. Nach einer weiteren Rolle seitlich über den Rücken muß „der Kreisel" wieder an seinem Ausgangsplatz sitzen.

Diese Übung wird erst dann reizvoll, wenn sie zu zweit oder zu viert ausgeführt wird. Die Partner sitzen Rücken an Rücken. Alle rollen gemeinsam entweder über ihre rechte oder über ihre linke Seite, so daß sie, ohne sich gegenseitig zu behindern, nach der zweiten Rolle wieder an ihre Ausgangsposition, Rücken an Rücken, zurückkommen.

1

DIE DOPPELROLLE VORWÄRTS

Zum Ablauf

A liegt mit angehobenen, leicht gegrätschten Beinen auf dem Boden. B steht in gebeugter Haltung an dessen Kopfende. Beide fassen sich gegenseitig an den Fußgelenken (1).

B läßt sich vornüber kippen, während A die Beine anwinkelt und die Füße aufstellt. B stützt sich mit den Armen auf die Füße, nimmt den Kopf möglichst nah zur Brust und rollt am Boden ab (2 und 3).

B zieht durch sein Körpergewicht A hoch, gleichzeitig bremst A die Rollbewegung von B (4), usw.

1   2   3   4

DIE DOPPELROLLE RÜCKWÄRTS

Zum Ablauf

Sie beginnt in der gleichen Ausgangsstellung wie bei der Doppelrolle vorwärts. B verlagert sein Gewicht nach hinten, setzt sich und rollt auf den Rücken. Mit dieser Bewegung zieht er gleichzeitig A hoch usw.

DIE KETTENDOPPELROLLE VORWÄRTS

Zum Ablauf

Drei Personen liegen mit erhobenen Beinen nebeneinander auf dem Boden, jeweils schräg versetzt dahinter stehen drei weitere Personen. Die beiden äußeren Personen umfassen nur mit ihrer inneren Hand ein Fußgelenk. Sie müssen sich bei der Rolle mit der äußeren Hand am Boden aufstützen. Die anderen umfassen jeweils die Fußgelenke der rechten und linken Person. Durch dieses Überkreuzfassen hängen die einzelnen Personen seitlich aneinander. Auf Kommando kann nun gemeinsam vorwärtsgerollt werden.

DIE ÜBERSPRUNGROLLE

Zum Ablauf

Eine Partnerin befindet sich im Grätschsitz und hebt die Arme über den Kopf. Die andere Partnerin steht hinter ihr, ergreift deren Hände und springt über ihren Kopf (1 und 2).

Sie rollt sofort weiter, ohne die Hände der anderen loszulassen, und zieht sie dadurch in den Stand (3 und 4) usw.

1   2   3   4

Die Doppelwalze

Zum Ablauf

Eine Person liegt mit leicht gegrätschten Beinen auf dem Rücken und streckt die Arme nach oben. Die andere Person stützt sich mit den Armen auf die Fußgelenke der unteren, geht in den Liegestütz und wird ebenfalls an den Fußgelenken gefaßt (1). Beide beugen ihre Arme etwas, die obere Person verlagert ihr Gewicht zur Seite (2), rollt auf den Rücken und zieht dadurch die untere Person nach oben in den Liegestütz usw.

1

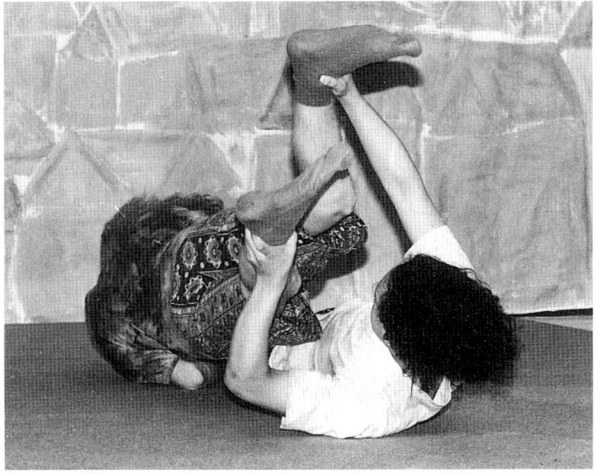

2

DIE SCHLANGENROLLE VORWÄRTS

Zum Ablauf

Eine beliebige Anzahl von Teilnehmern steht mit gegrätschten Beinen hintereinander. Jeder Einzelne greift mit seiner rechten Hand durch seine Beine hindurch und erfaßt damit die linke Hand der dahinterstehenden Person. Die erste Person der Reihe rollt zur Rückenlage ab und zieht dabei die ganze Schlange um einige Schritte weiter vor, so daß die nächste rollen kann. Dies wird fortgesetzt bis alle in der Rückenlage liegen. Das Aufstehen geht so vor sich, daß die vordere Person der Schlange rückwärts zum Grätschstand über der Person dahinter aufrollt usw.

MENSCHENJONGLIEREN, VARIANTE 1

Zum Ablauf

Drei Personen stehen in einer Reihe in größeren Abständen, die beiden äußeren mit dem Gesicht zur Mitte gewendet. Auf Kommando macht die mittlere Person eine Rolle vorwärts nach außen, die äußere springt gleichzeitig mit einem Grätschsprung über die rollende hinweg (1) und macht sofort eine Rolle vorwärts zur dritten weiter (2), welche ebenfalls darüber grätscht und weiterrollt (3). Die ursprünglich mittlere Person hat sich inzwischen gedreht (4), so daß sie wieder springen und rollen kann usw.

MENSCHENJONGLIEREN, VARIANTE 2

Zum Ablauf

Drei Personen liegen mit ca. einen Meter Abstand nebeneinander auf dem Bauch. Die mittlere Person rollt seitlich nach außen, gleichzeitig stößt sich die äußere Person mit Händen und Füßen hoch in die Luft, landet auf allen vieren in der Mitte auf dem Platz, an dem zuvor die mittlere Person lag und rollt sich sofort zur dritten weiter, die ebenfalls über die rollende springt und weiterrollt usw.

DIE HENKELROLLE VORWÄRTS

Zum Ablauf

Zwei Personen stehen, dem Springer zugewandt, seitlich nebeneinander und haben die inneren Arme zu einer Henkelhaltung gehoben. Der Springer nimmt etwas Anlauf, hängt sich mit beiden Armen in die „Henkel" ein, springt beidbeinig ab und dreht zwischen den beiden „Henkeln" eine Rolle vorwärts.

LANGSAMER HANDSTÜTZÜBERSCHLAG MIT PARTNER

A macht einen Handstand gegen den Rücken von B. B ergreift dessen Fußgelenke (1), beugt sich mit dem Oberkörper nach vorne, geht dabei etwas in die Knie (2 und 3) und stellt A vor sich auf die Füße (4).

1　　　　　2　　　　　　　3　　　　　　　4

Langsamer Handstützüberschlag rückwärts mit Partner

Zum Ablauf

Beide Partner stehen Rücken an Rücken und strecken die Arme nach oben. B erfaßt die Handgelenke von A, geht etwas in die Knie, so daß sich sein Gesäß unter demjenigen von A befindet (1). Dann beugt er den Oberkörper nach vorne und führt As Arme vor sich auf den Boden (2 und 3). Sobald As Arme aufgestützt sind, beugt sie ihre Hüfte und geht in den Überschlag (4 und 5). Dann richten sich beide auf.

1   2   3   4   5

Grundlagen der Partnerakrobatik

Bei einer genaueren Betrachtung der einzelnen Techniken der Partnerakrobatik lassen sich einige wesentliche Merkmale und Gesetzmäßigkeiten zu deren Unterscheidung erkennen. Die Mehrzahl der Figuren basiert auf dem Prinzip der Ausbalancierung der oberen Person durch die untere in verschiedenen Körperhaltungen: stehend, liegend, kopfüber. Ferner gibt es Figuren, die nur im Gleichgewicht gehalten werden können, wenn das Körpergewicht des Partners zum Ausgleich der Balance dient.

Auf der Grundlage dieser Merkmale gibt es vier Techniken, die ich, ausgehend von ihrer Bewegungsstruktur, als die Basistechniken der Akrobatik bezeichnet habe (BLUME, 1992, 50):

- Der „Stuhl" als Figur, in der das Gleichgewicht nur in gegenseitiger Abhängigkeit aufrechterhalten werden kann.
- Der „Flieger vorwärts" als Figur, bei der die obere Person in der horizontalen Ebene gehalten und von der unteren Person ausbalanciert wird.
- Der „Schulterstand" als Figur, bei der die obere Person in einer Kopfüber-Stellung gehalten wird.
- Das „Übereinander-Stehen" als Figur, in der die obere Person in einer vertikalen Stellung gehalten und ausbalanciert wird.

Bei der Einführung der Basistechniken empfiehlt es sich, mit der Figur des „Stuhls" oder mit einer einfachen Variante desselben zu beginnen. Denn bei diesen Techniken kann leicht an Alltagsbewegungen des Aufsteigens angeknüpft werden. Das Prinzip der Aufrechterhaltung des Gleichgewichts in gegenseitiger Abhängigkeit läßt sich anhand der vorbereitenden Übungen zur Gleichgewichtsschulung erarbeiten.

Zum Erlernen der Basistechnik des „Fliegers" wird etwas mehr Geduld benötigt, da es anfangs für die jungen Artisten sehr ungewöhnlich ist, jemanden auf seinen Füßen auszubalancieren.

Kopf-über-Positionen, wie beim Schulterstand, sind für die obere Person ebenfalls ungewöhnlich, da zum einen die Orientierung im Raum in dieser Haltung schwerfällt, zum anderen braucht man viel Vertrauen in die Stützkraft der unteren Person.

Mit der Technik des Übereinander-Stehens sollte nicht zu früh begonnen werden, da aufgrund der Wirbelsäulenbelastung die Muskulatur des Haltungsapparates gut entwickelt sein sollte.

„Der Stuhl" und Variationen

„DER STUHL"

Aufstieg

Für Anfänger ist der „Stuhl" leicht zu erlernen, wenn U stabil mit aufrechtem Oberkörper auf einer Person in der Bankstellung sitzt. O stellt sich möglichst nahe vor U hin. U legt ihre Hände unter die Ellenbogen von O, O legt seine Hände auf die Unterarme von U (Unterarmgriff, siehe S. 66). O setzt einen Fuß in der Nähe des Kniegelenks auf den Oberschenkel von U (1).

Nach einem Kommando von U steigt O mit einem Bein auf deren Oberschenkel und streckt seinen Körper. U unterstützt aktiv diese Aufstiegsbewegung, indem sie O mit ihren Händen unter ihren Ellenbogen hochdrückt (2).

Erst dann wird der zweite Fuß auf den anderen Oberschenkel von U gesetzt (3). Beide halten die Position und lassen die Hände an den Armen des Partners entlanggleiten, bis sie jeweils die Handgelenke umfassen (Handgelenk-Handgelenk-Griff, siehe S. 66). U leitet diese Bewegung ein, indem sie sich leicht zurücklehnt und zum Ausgleich der Balance den Körper von O von sich weg führt. Beide halten ihre Arme gestreckt (4).

Nun verlagert U die Balance derart nach vorne, daß sie alleine stehen kann, der Helfer überflüssig wird und wegkrabbeln kann.

1   2   3   4

Wenn die Figur auf diese Weise sicher ausbalanciert werden kann, so ist der Helfer in der Bankstellung überflüssig geworden. Dann sollte die Figur aus dem freien Stand aufgebaut werden.

Variante des Aufstiegs: O springt, unterstützt von U, mit beiden Beinen gleichzeitig auf Us Oberschenkel.

Präsentation

Wenn die Figur sich im stabilen Gleichgewicht befindet, können auf Kommando die Hände einer Seite gelöst und der „Stuhl" präsentiert werden.

Abstieg

Die Partner fassen sich wieder mit beiden Händen um die Handgelenke. U zieht O durch Beugen der Arme zu sich heran, bis der Partner zur Aufrechterhaltung des Gleichgewichts nicht mehr gebraucht wird. O steigt locker mit Us Unterstützung ab.

Hinweis

Es ist wichtig, nicht zu weit auseinanderzustehen, da sonst bei Os Aufgang die Aufwärtsbewegung mit einer starken Vorwärtsbewegung (auf U zu) verbunden ist, die U sehr schwer ausgleichen kann. Der entscheidende Moment bei dieser Figur ist Os Aufstieg. U muß im richtigen Moment die Bewegung an Os Ellenbogen unterstützen und sofort um das gemeinsame Gleichgewicht bemüht sein. O hält ihren Körper nach dem Aufstieg gestreckt und darf nicht in der Hüfte einknicken. Zur Ausbalancierung der Figur ist für das gemeinsame Gleichgewicht allein U verantwortlich. Wenn beide auszugleichen versuchen, arbeiten sie meist gegeneinander.

Anfangs sollte ein Helfer hinter O sichern, um zu vermeiden, daß O bei einer Instabilität der Figur unkontrolliert nach hinten stürzt.

DIE GALIONSFIGUR ZU DRITT

Eine sehr einfache Variante des Stuhls, die sich für den Anfang ebenfalls hervorragend eignet, ist die Galionsfigur zu dritt. Das Körpergewicht der oberen Person kann von den beiden unteren leicht gehalten werden.

Aufstieg

A und B stehen in leicht gehockter Haltung mit aufrechtem Oberkörper nebeneinander.

C tritt von hinten heran, faßt mit den Händen auf die Schultern der beiden Unteren und stellt einen Fuß auf den Oberschenkel von A oder B, möglichst nahe der Hüftbeuge (1). C steigt mit einem Bein auf und unterstützt die Aufwärtsbewegung, indem sie sich mit den Händen auf den Schultern der beiden Unteren abstützt. Dann zieht C das zweite Bein nach und setzt es auf den anderen Oberschenkel.

A und B greifen von innen um Cs Oberschenkel und lehnen sich leicht zurück.

C lehnt sich leicht nach vorne, gegen die Hände der beiden Unteren.

DIE GALIONSFIGUR AUF DEM KNIESTAND

Aufstieg

Die beiden unteren Personen knien sich hin und stellen das jeweils innere Bein senkrecht auf.

Die obere Person stützt sich mit den Armen auf die Schultern der unteren, steigt auf deren Oberschenkel und richtet sich auf. Sie wird durch die Hände der beiden unteren an der Hüfte gesichert.

DIE GALIONSFIGUR

Für Anfänger empfiehlt es sich, die Galionsfigur mit einer Stütze zu bauen.

Aufstieg

Ein Helfer legt sich auf den Rücken und streckt die Beine nach oben. U geht in die leicht gehockte Position und lehnt sich mit dem Rücken an die Beine des Helfers. Sie hält mit ihren Händen O an den Hüften. O umfaßt Us Handgelenke und setzt einen Fuß auf deren Oberschenkel (1).

Nach einem Kommando steigt O auf. U unterstützt Os Aufwärtsbewegung möglichst kräftig mit den Armen (2).

Dann greift U zuerst mit der einen, dann mit der anderen Hand um Os Oberschenkel. O lehnt sich leicht gegen Us Hände.

Wenn die Figur stabil steht, verlagert U die Balance so weit nach vorne, daß die Stütze im Rücken überflüssig wird.

Hinweis

Beim Aufstieg ist darauf zu achten, daß beide Partner eng beieinander stehen. O hält sich während des Aufstiegs kräftig an Us Handgelenken fest.

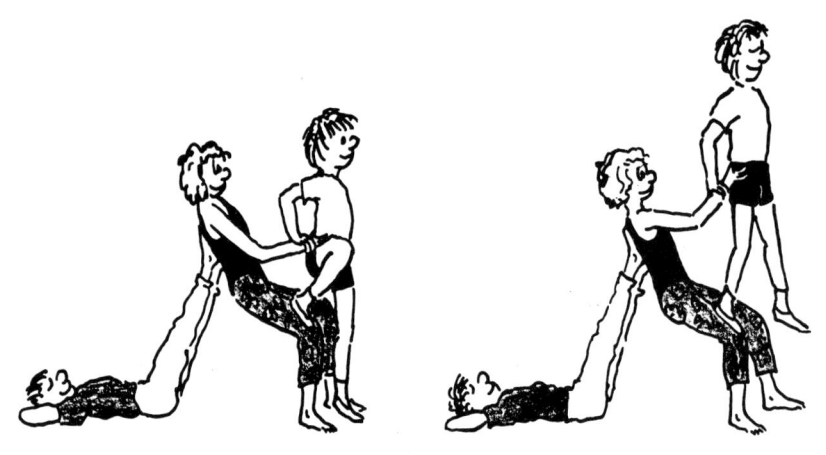

1   2

Mit fortschreitender Übungsdauer sollte die Galionsfigur ohne Stütze ausgeführt werden.

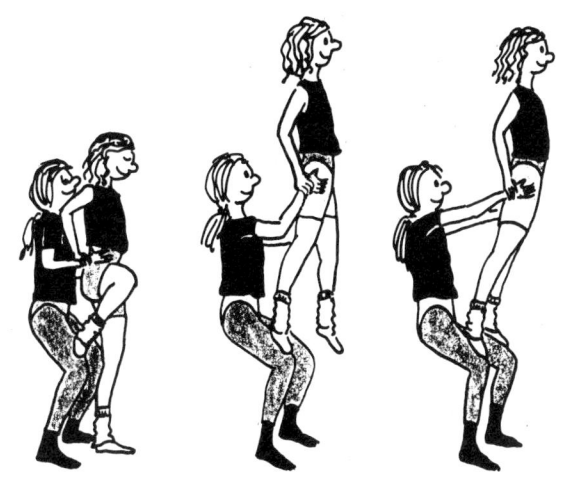

DAS GEGENSEITIGE HOCHZIEHEN

Aufstieg

U geht in die Bankstellung rückwärts. O stellt sich auf Us Oberschenkel nahe den Knien (1).

Beide fassen sich mit der jeweils rechten Hand um das Handgelenk (Handgelenk-Handgelenk-Griff) (2).

O zieht U mit gerader Rückenhaltung hoch. U unterstützt die Bewegung, indem sie die Knie nach vorne schiebt (3).

1 2 3

Hinweis

Os Rücken sollte die ganze Zeit gerade bleiben. U allein ist für das Gleichgewicht verantwortlich.

„Der Flieger" mit Variationen

„Der Flieger"

Aufgang

U liegt auf dem Rücken und hebt die Beine. O stellt sich im Abstand einer Fußbreite an Us Gesäß. U setzt seine Füße an Os Hüfte an. Seine Fußballen liegen etwa auf der Höhe von Os Hüftknochen. Beide fassen sich an den Händen (1).

U hockt langsam seine Beine an. In dem Moment, in dem Os Körpergewicht vollständig auf seinen Beinen lastet (2), wird sie von U hochgestemmt (3). Us Beine sollten senkrecht über sein Becken gestreckt sein (4).

Os Körper bleibt die ganze Zeit gestreckt und unter Spannung. Wenn O stabil auf Us Füßen liegt, können beide die Hände loslassen und die Figur präsentieren.

1   2   3   4

Abgang

Indem U die Beine leicht anhockt und O mit den Füßen leicht nach hinten drückt, kommt O in die Ausgangsposition zurück.

Variation: U überstreckt und beugt die Beine leicht, damit O eine Rolle vorwärts über seinen Kopf hinweg ausführen kann.

Hinweis

Os Körper sollte stets wie ein Brett angespannt sein. Die gesamte Balancearbeit übernimmt allein U. Es ist wichtig, den richtigen Ansatzpunkt für die Füße an Os Hüfte zu finden: Kippt Os Oberkörper vornüber, müssen Us Füße etwas höher an der Hüfte angesetzt werden. Kann O die Beine während der Balance nur mit Mühe oder gar nicht strecken, so muß tiefer angesetzt werden.

STÜTZWAAGE MIT PARTNERIN

Diese Figur eignet sich für die obere und untere Person gleichermaßen hervorragend dazu, das Gleichgewicht in der horizontalen Lage zu finden.

Aufgang

U liegt mit angewinkelten Beinen auf dem Rücken, streckt beide Arme senkrecht nach oben und legt die Hände aufeinander.

O stützt sich mit den Armen auf Us Knie, legt das angewinkelte Bein auf Us Hände und führt das andere Bein gestreckt nach oben zur Endposition.

Der Flieger auf den Unterschenkeln

Aufgang

U liegt mit angewinkelten Beinen auf dem Rücken.

O stellt sich möglichst nahe vor U auf und beugt den Oberkörper nach vorne. U faßt O an den Schultern, bringt ihre Knie unter Os Becken und hebt, bzw. führt O in die Endposition.

„Der Flieger" rücklings

Aufgang

Us Füße werden etwa auf der Höhe von Os Kreuzbein angesetzt. O hält sich an Us Fußgelenken fest(1). U stemmt O hoch (2). Sobald O stabil auf Us Füßen liegt, kann sie die Hände lösen.

1   2

„DER FLIEGER" AUF DEN HÄNDEN

Aufgang

U liegt auf dem Boden, hebt den Oberkörper und legt seine Hände mit leicht gespreizten Fingern an Os Hüften (1).

O steht mit gegrätschten Beinen über U, greift mit den Händen um Us Handgelenke, hält sich daran fest, und verlagert ihren Körperschwerpunkt nach vorne und wird von U in die Endposition gehoben (2).

1   2

Der Schulterstand mit Variationen

DER SCHULTERSTAND

Aufgang

U liegt auf dem Rücken, die Beine sind angewinkelt und stehen etwa hüftbreit auseinander. U hält die Arme gestreckt, die Daumen werden an den Händen angelegt. O steht zwischen Us Beinen, ergreift mit den Händen seine Knie, beugt sich vor und legt ihre Schultern auf seine Hände. Os Arme sind ebenfalls gestreckt, ein großer Teil ihres Körpergewichts liegt auf Us Händen (1).

O schwingt sich hoch, indem sie abspringt, das Becken aufrichtet und die Beine anhockt (2).

Erst wenn in dieser Position ein stabiles Gleichgewicht gefunden wurde, streckt O langsam die Beine (3).

1   2   3

Abgang

Der Abgang verläuft in umgekehrter Reihenfolge wie der Aufgang.

Hinweis

Die Schwierigkeit dieser Übung besteht im richtigen Timing von Os Aufgang. Der Aufschwung verläuft in zwei Phasen: Die erste Phase besteht im Anhocken der Beine, Aufrichten des Beckens und im Suchen nach der Balance in dieser Körperhaltung. Erst wenn das Becken mit den angehockten Beinen sicher steht, werden in der zweiten Phase die Beine langsam nach oben gestreckt. Durch das Anspannen der Körpermitte (Bauch- und Gesäßmuskulatur) gerät die obere Person nicht so leicht aus der Balance.

Hilfestellung

Die Helfer sollten anfangs zu beiden Seiten der Figur stehen und zu allen Seiten, insbesondere aber am Rücken der oberen Person, möglichst nahe am Körper sichern, damit sie auf keinen Fall nach hinten überschlagen kann. Bestehen Unsicherheiten bei Os Aufgang, sollte die Hilfestellung dabei unterstützend an den Oberschenkel eingreifen.

DER SCHULTERSTAND AUF DER BANK

Aufgang

U befindet sich in der Bankstellung. O umfaßt mit der einen Hand den Brustkorb von U, mit der anderen Hand hält sie sich an der Hüfte fest. O beugt sich vor, bis die Vorderseite der Schultern auf Us Rücken aufliegt, so daß der Kopf darüber hinweg nach unten zeigt. Dann schwingt sie sich in den Schulterstand.

Hinweis

Da oft die Gefahr besteht, daß O nach hinten überschlägt, sollte dort eine Hilfestellung postiert werden.

DER SCHULTERSTAND AUF DEN KNIEN

Aufbau

U sitzt mit aufgestellten Knien und stützt sich auf ihre Arme.

O hockt vor U, ergreift Us Fußgelenke, beugt sich vor und legt ihre Schultern auf Us Knie. Zur Stabilisierung der Figur klemmt U mit den Beinen Os Kopf etwas ein. Dann schwingt sich O in den Schulterstand.

HANDSTAND MIT STÜTZE

Aufbau

A liegt auf dem Boden und streckt die Arme nach oben.

  B stellt sich etwa auf Beckenhöhe über A hin und beugt sich rücklings, bis A sie an den Schultern stützen kann.

  C geht in den Handstand und lehnt sich gegen Bs Arme.

Das Übereinander-Stehen mit Variationen

Das Übereinander-Stehen

Vorübungen

Bei Anfängern empfiehlt es sich, aus einer tieferen Position heraus zu beginnen.

Aufgang

U setzt sich mit geradem Oberkörper auf ihre Unterschenkel und streckt die Arme nach oben.

O steigt auf einen Kasten o.ä. und erfaßt Us Hände. Nach einem Kommando steigt O mit einem Bein auf Us Schultern, stützt sich dabei auf dessen Hände (1) und zieht das zweite nach (2). O richtet sich auf, während U seine Hände, eine nach der anderen, an Os Waden legt und diese stützt.

Os Fersen stehen möglichst nahe beieinander. Mit den Schienbeinen lehnt sie sich leicht an Us Kopf. Us Hände an den Waden verhindern, daß O nach hinten fällt. Dadurch entsteht eine Klammer, gebildet durch Us Kopf und seinen Händen an Os Waden, die dieser Figur Sicherheit verleiht (3).

Abgang

Beide Partner reichen sich wieder die Hände, eine nach der anderen. O verlagert ihr Gewicht nach vorne, stützt sich dabei auf Us Hände und geht vorsichtig, ohne sich von Us Schultern abzudrücken, nach vorne ab. (4)

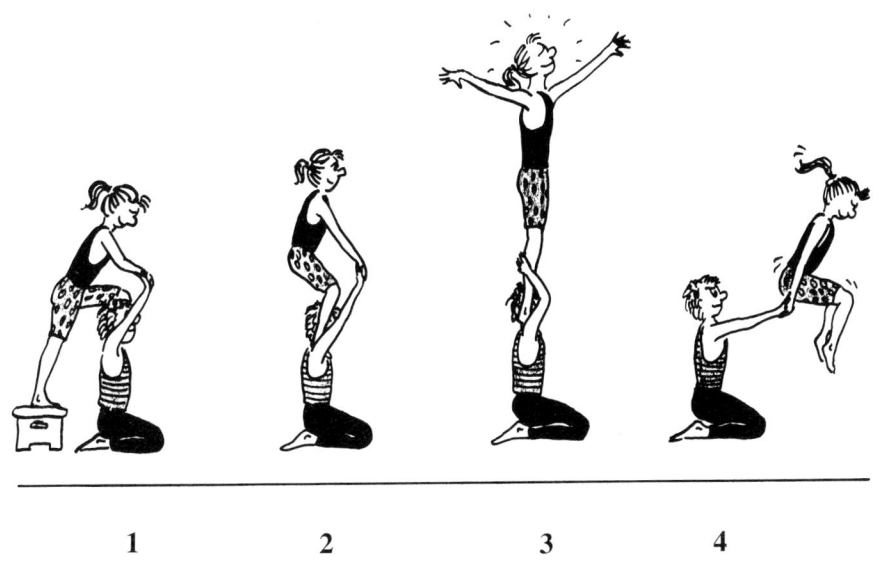

1 2 3 4

Wenn die Vorübung einigermaßen sicher beherrscht wird, kann der freie Aufgang geübt werden.

Aufgang

U steht mit gegrätschten und gebeugten Beinen, der Oberkörper bleibt gerade. O steht etwas seitlich versetzt dicht hinter U. Beide fassen sich an den Händen. O stellt ihren rechten Fuß möglichst hoch, nahe der Hüftbeuge auf Us Oberschenkel (1).

Nach einem Kommando steigt U mit dem rechten Bein auf Us Oberschenkel und mit dem linken sofort weiter auf Us linke Schulter (2) und zieht den rechten Fuß nach (3).

O stützt sich während des Aufgangs auf Us Hände, U unterstützt die Bewegung aktiv durch einen kräftigen Druck der Arme nach vorne oben.

Während O mit dem zweiten Fuß auf Us Schultern steigt, streckt U seine Beine und führt sie eng zusammen (2 und 3).

O richtet sich auf, während U seine Hände, eine nach der anderen, an Os Waden legt.

Abgang

Beide Partner greifen sich wieder an den Händen (siehe 3). O stützt sich auf Us Hände und geht vorsichtig nach vorne ab.

Hinweis

Es muß unbedingt darauf geachtet werden, daß U niemals im Hohlkreuz steht, sondern die richtige, aufrechte Haltung einnimmt (siehe Abb. 8). Diese Haltung wird erreicht, indem U sowohl die Gesäßmuskulatur, als auch die Bauchmuskeln kräftig anspannt und das Becken etwas nach vorne schiebt.

Aufgrund der hohen Wirbelsäulenbelastung sollte die untere Position häufig gewechselt werden und O nicht länger als fünf Sekunden auf den Schultern Us stehen, um einen Dauerdruck auf Us Wirbelsäule zu vermeiden.

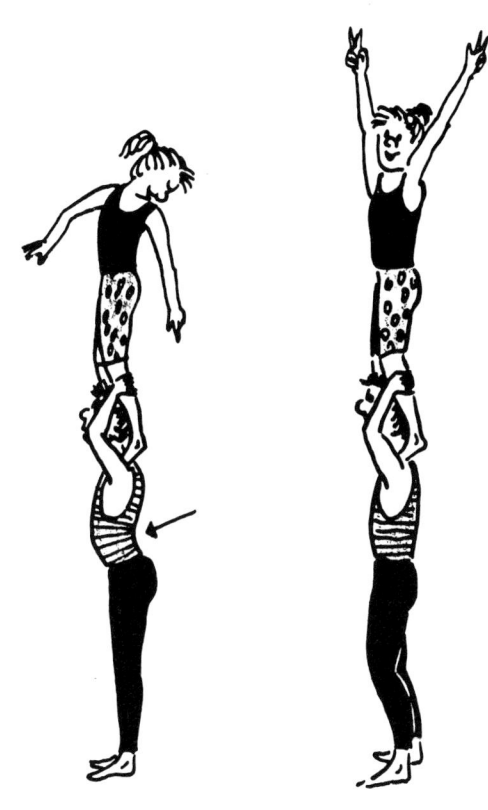

Abb. 8: Die untere Person sollte niemals im Hohlkreuz stehen!

Beim Abgang ist zu beachten, daß O niemals von oben abspringt, sondern vorsichtig herabgeleitet wird, da eine Abdruckbewegung von Us Schultern kurzzeitig eine hohe Druckbelastung auf dessen Wirbelsäule erzeugt.

Hilfestellung

Während für O immer die Möglichkeit besteht, nach vorne abzuspringen, muß unbedingt der Raum hinter der Figur abgesichert werden. Möglichst zwei oder mehr Helfer sollten mit erhobenen Armen dicht hinter der Figur stehen, um O, wenn nötig, möglichst schnell auffangen zu können. Bei absoluten Anfängern empfiehlt es sich, auch den vorderen Raum abzusichern.

Abb. 9: Vor und hinter der Figur sollten Helfer mit erhobenen Händen sichern.

DAS ÜBEREINANDER-STEHEN ZU DRITT

Aufgang

Die beiden unteren Personen stehen mit leicht gegrätschten und gebeugten Beinen nebeneinander. O legt die Hände auf die Köpfe der beiden unteren, steigt mit dem ersten Bein in die Hüftbeuge der einen, mit dem zweiten Bein auf die Schulter der anderen Person (1) und zieht das erste Bein auf die Schulter der anderen Person nach.

Die beiden unteren Personen sichern mit der jeweils äußeren Hand Os Füße vor dem Wegrutschen, und mit der jeweils inneren Hand stützen sie Os Waden.

1

DER STAND AUF DEM BECKEN

Aufbau

Die untere Person befindet sich in der Bankstellung.

Die mittlere Person stellt sich mit leicht gegrätschten Beinen über die untere und stützt sich mit ihren Armen auf deren Schultern.

Die obere Person steigt über das Becken der unteren auf dasjenige der mittleren und richtet sich auf.

DER FROSCHSTAND

Aufbau

U steht mit leicht gegrätschten und gebeugten Beinen. O faßt mit den Händen auf Us Schultern und steigt von hinten auf Us Oberschenkel, möglichst nahe der Hüftbeuge (1) und lehnt sich leicht an Us Rücken.

Die dritte Person kniet sich dann hinter U hin und beugt den Oberkörper nach vorne.

1

Literatur

Argyle, M.: Körpersprache und Kommunikation. Paderborn 1989

Ballreich, R.: Circus Calibastra. Kunterbunt im Manegenrund. Ein Circusspielbuch. Stuttgart 1990

Blume, M.: Akrobatik. Training – Technik – Inszenierung. Aachen 1992

Borkens, K./ Renneberg, T.: Gaukelcirkus. Handbuch fürs Gaukeln mit Kindern. Münster 1993

Brix Aaris, S.: Akrobat bogen. Arhus 1986

Fodero, M. F./ Furblur, E.F.: Creating Gymnastic Pyramids and Balances. Champaign 1989

Funke, J.: Körpererfahrung. In: Sportpädagogik 4/1980

Hartung, C.: Akrobatik – ein guter Einstieg ist die beste Basis. In: Sportpädagogik 6/1989

Huisman, B./Huisman, G.: Akrobatik. Vom Anfänger zum Könner. Reinbek bei Hamburg 1988

Kiphard, E. J.: Artistische Kunstfertigkeiten als alternative Lerninhalte innerhalb der Motopädagogik. In: Motorik. Heft 1, 1986

Meinel, K./ Schnabel, G.: Bewegungslehre – Sportmotorik. 8., stark überarbeitete Auflage. Berlin (DDR) 1987

Melczer-Lukacs, G./Zwiefka, H.-J.: Akrobatisches Theater. Moers 1989

Meyerdierks, K.: Akrobatik in der angewandten Motologie. Unveröffentlichte Diplomarbeit. Marburg 1990

Sportpädagogik: Akrobatik. 6/1992

Kontaktadresse für   Workshops
　　　　　　　　　 Kursleiterfortbildungen
　　　　　　　　　 Lehrerfortbildungen
　　　　　　　　　 Aufführungen

　　　　　　　　　 Michael Blume
　　　　　　　　　 Augsburger Str. 72
　　　　　　　　　 28215 Bremen
　　　　　　　　　 Tel. 0421 / 374676

Kontaktadresse für   Zeichnungen

　　　　　　　　　 Ingrid Bähr
　　　　　　　　　 Sternwartestr. 4
　　　　　　　　　 28865 Lilienthal
　　　　　　　　　 Tel. 04298 / 5889

Mein besonderer Dank gilt all denjenigen, die mir bei der Arbeit an diesem Buch geholfen haben:

- den jungen Akrobatinnen und Akrobaten der Klassen 5, 6, 8 E, 9, 10 und 11 der Freien Rudolf-Steiner-Schule Ottersberg
- Ingrid Bähr (Oskar) für die vielen schönen Zeichnungen
- Andreas Friese für die vielen schönen Photographien
- Guido Frühauf für das Entwickeln der Schwarzweiß-Photos
- Kerstin Hellwig, Oliver Schmidt und Peter Dzikowsky für die Durchsicht des Manuskripts.

Sport mit Format

Michael Blume
Akrobatik

2. Aufl., 200 S., über 200
Fotos und Zeichnungen,
geb., A5

ISBN 3-89124-133-X
DM 29,80
SFr 29,80/ÖS 233,-

Gisela Stein
Kleinkinderturnen ganz groß

2. Aufl., 160 S., 100 Zeichnungen
und Fotos, Broschur, A5

ISBN 3-89124-171-2
DM 24,80
SFr 24,80/ÖS 194,-

Schmitt/Ott
**Funktionelle Gymnastik für
Kinder und Jugendliche**

150 S., 100 Fotos, 20 Abb.,
Broschur, A5

ISBN 3-89124-296-4
DM 24,80
SFr 24,80/ÖS 194,-

Renate Zimmer
Sport und Spiel im Kindergarten

2. Aufl., 104 S., 40 Fotos und
Zeichnungen, Broschur, A5

ISBN 3-89124-152-6
DM 24,80
SFr 24,80/ÖS 194,-

MEYER & MEYER • DER SPORTVERLAG

Von-Coels-Str. 390 • D-52080 Aachen
Unsere Bestellhotline: 0180-510 11 15 • Fax: 0241/9 58 10 10

Fordern Sie unsere Kataloge an!

Der Meyer & Meyer Verlag ist einer der führenden Sportverlage Europas.

Sein Programm umfasst nahezu alle Sportarten und Sportbereiche mit praxisorientierten Hand- und Trainingsbüchern.
Verschiedene Editionen präsentieren Grundlagenwissen und aktuelle Forschungsergebnisse aus allen sportwissenschaftlichen Disziplinen.
Meyer & Meyer verlegt auch Titel in englischer Sprache.

Bitte fordern Sie das Gesamtverzeichnis, den wissenschaftlichen oder englischen Katalog kostenlos bei uns an.

**Von-Coels-Straße 390 • D-52080 Aachen •
Unsere Bestellhotline: 0180-5 10 11 15 • Fax 02 41/ 9 58 10 10
e-mail: verlag@meyer-meyer-sports.com •
http://www.meyer-meyer-sports.com**